# 練習不要臉

## 阿德勒沒有告訴你的事

## 消除潛在自卑

不在乎被人討厭的「小壞智慧」

# 《目錄》


作者序　「練習不要臉」是消除自卑的「小壞智慧」　006

想要不在乎被別人討厭，以及消除潛在的自卑感，其實是可以從「練習不要臉」這個「小壞智慧」開始做起，因為只有在「不要臉」的當下，才會不在乎別人討厭你，才能在別人面前自在做自己。換句話說，想要不在乎被人討厭之前，「練習不要臉」是不得不修的功課。

輯1　關於自卑的「小壞智慧」越是「不要臉」的人，越不會感到自卑　008

1 「自卑感」可以讓你前進，也可以讓你停在原地　010
2 越是「不要臉」的人，越不會感到自卑　012
3 你不是自卑，你只是不懂得誇大和吹噓　014
4 不想被別人看扁，就必須學會「虛張聲勢」　016
5 內心懦弱的人，通常都是臉皮不夠厚　018
6 想做「有用的人」，必須肯跟別人吃同樣的苦　020
7 用「身體缺陷」來操縱別人對自己的關心　022
8 我們會利用「害怕」來達到想要達成的目的　024
9 「本性難移」只是自己不想改變的萬用藉口　026

輯2　關於討厭的「小壞智慧」不惜被人討厭，也不想讓自己變成「空氣」　028

10 擔心自己做的不夠好，只因為臉皮還不夠厚　030
11 「練習不要臉」才能不在乎被人討厭　032
12 不惜被人討厭，也不想讓自己變成「空氣」　034
13 拼命追求「優越感」只是為了證明自己的存在　036
14 只要「不要臉」就不會在乎別人怎麼看自己　038
15 被人討厭是引起別人注意必須付出的代價　040
16 做人不辛苦，辛苦的是要做討人喜歡的人　042
17 當你不再成為別人的關注焦點，你就自由了　044
18 越是自我的人，越容易被人討厭　046
19 用「吹牛」來練習「不要臉」　048

## 輯3 關於做夢的「小壞智慧」不敢做「白日夢」，就是不敢向未知挑戰 050

20 用做夢來解決的問題，都是現實中棘手的難題 052
21 不敢做「白日夢」，就是不敢向未知挑戰 054
22 「做夢」其實是在練習做不可能做到的事 056
23 不願意去了解夢，只因不想從「美夢」中醒來 058
24 束手無策的人，才會期待在夢中找到答案 060
25 在夢中從容面對現實中一直逃避的問題 062
26 夢再如何神奇，也不可能讓你在現實中「飛起來」 064
27 越是快樂的美夢，越會讓現實的痛苦加倍 066
28 我們想要的東西往往是可有可無的東西 068
29 「暗喻」可以解決問題，但也會製造問題 070

## 輯4 關於逃避的「小壞智慧」面對問題最務實的做法就是「逃避」 072

30 遇到問題不要馬上面對，而是要學習如何逃避 074
31 面對問題最務實的做法就是「逃避」 076
32 「逃避」當然可以解決問題 078
33 惹別人生氣，只是想逃避不想面對的問題 080
34 「偏頭痛」是一種控制別人的「情緒勒索」 082
35 為了逃避，當然可以幫自己找一個「擋箭牌」 084
36 你越想壓抑情緒，情緒就越容易潰堤 086
37 努力避免受到挫敗，而不是努力追求成功 088
38 想模仿「英雄」的人，只是不想承認自己是「懦夫」 090

## 輯5 關於成敗的「小壞智慧」


一輩子沒成功過，不代表就是「魯蛇」 092

39 目標的難易，並無法激發出我們的潛力 094

40 只要把事情做好做滿，即便失敗也算成功 096

41 想超越別人，只是擔心被別人超越 098

42 一輩子沒成功過，不代表就是「魯蛇」 100

43 想讓未來過得精采，才會在乎不切實際的期待 102

44 「放大」別人的「小成就」，只是拐著彎叫他加油 104

45 工作太忙往往是失婚者經常使用的藉口 106

46 不做任何努力，真的比較容易獲得鼓勵 108

47 不將時間花在沒有結果的事，是一種務實的「消極力」 110

48 「關注」是成功的動力，但也是一種沉重的壓力 112


## 輯6 關於自己的「小壞智慧」


為了自己的利益，才是出手幫助別人的最大動力 114

49 「了解自己」不難，難的是從來不想去了解 116

50 為了自己的利益，才是出手幫助別人的最大動力 118

51 控制你的不是「淚水」，而是自己太想當「好人」 120

52 不要以為對別人好，就能改善自己跟別人的關係 122

53 「未雨綢繆」就是讓自己活在虛構的危險之中 124

54 不知道在做什麼的人，比誰都清楚自己在做什麼？ 126

55 每個人都有一套有利自己的語言邏輯 128

56 你幫別人，還不都只是為了幫未來的自己 130

57 人有時候會閉著眼睛相信自己的謊言 132

58 惹是生非，只是為了凸顯自己使壞的優越感 134

## 輯7 關於人生的「小壞智慧」「人生沒有絕對」只是為了幫自己找「下台階」 136


59 人生本來就是「是非題」，是你把它變成「選擇題」 138
60 人生不一定要有困難和阻礙才叫做精采 140
61 「轉捩點」可以改變人生方向，卻不能決定你的人生 142
62 人生很公平，是我們自己讓人生變得不公平 144
63 過去的經驗往往會搞砸現在的問題 146
64 「不確定」是人生的「驚嘆號」？還是「問號」？ 148
65 經歷過磨難的人，不一定會思考生命的意義 150
66 不在乎能不能看到明天太陽，只在乎下一餐在哪裡 152
67 「人生沒有絕對」這句話只是為了幫自己找「下台階」 154


## 輯8 關於人性的「小壞智慧」人不說謊，明天就會「世界末日」 156


68 所有「利他」的目標都是建立在「利己」的基礎之上 158
69 給別人改過的空間，只會讓他一錯再錯 160
70 人不說謊，明天就會「世界末日」 162
71 有些「利他」往往比「損人」還要可惡 164
72 製造背叛自己的機會來測試對方的忠誠度 166
73 所有人都認為的「真理」，通常不是真理 168
74 表面順從你的人，往往跟你的意見相左 170
75 「哭鬧」是最有效和廉價的「情緒勒索」 172
76 如果無法改變，就會被「個性」牽著鼻子走 174

作者序

# 「練習不要臉」是消除自卑的「小壞智慧」

想要不在乎被別人討厭，以及消除潛在的自卑感，其實是可以從「練習不要臉」這個「小壞智慧」開始做起，因為只有在「不要臉」的當下，才會不在乎別人討厭你，才能在別人面前自在做自己。換句話說，想要不在乎被人討厭之前，「練習不要臉」是不得不修的功課。

阿德勒在《生命對你意味著什麼》（又譯為《自卑與超越》）書中寫道：「人如果不被關注，就算刻意暴露自己的短處也要讓別人注意到自己，因為每個人都希望自己可以出類拔萃，可以比一般人卓越，但問題是努力讓自己看起來很優秀和很堅強的人，其實內心潛藏著強烈的自卑感。因此，如果想消除潛在的自卑感，就要做到即使被人誣衊、被人討厭，也不需太在意，因為別人如何看你，就像天要下雨一樣，不是你可以控制的……」

其實，上述阿德勒的這段話是想跟我們說，不要刻意努力讓自己「看起來很堅強」，因為努力變得很堅強的人，大都是有「隱性自卑」的人，而內心自卑的人，通常都會戴上「堅強」的面具，也就是雖然表面堅強，但內心卻脆弱到不堪一擊……

但是，阿德勒卻沒有告訴我們，如果想要不在意被別人討厭、不在乎別人說自己壞話，以及消除潛在的自卑感，是可以從「練習不要臉」這個「小壞智慧」開始做起，因為只有在「不要臉」的當下，才會不在乎別人怎麼看你和說你，只有在「不要臉」的當下，也才會不在乎別人討厭你，才能脫掉「裝堅強」的面具，進而在別人面前自在做自己。

換句話說，想要不在乎被人討厭之前，「練習不要臉」是一門不得不修的功課。

本書《練習不要臉：阿德勒沒有告訴你的事》是摘錄阿德勒的《生命對你意味著什麼》書中76則經典語錄，並且用「超譯」的方式來告訴讀者，阿德勒透過這些語錄想傳達什麼訊息，以及在每篇最後一個單元，用另類解讀的方式來告訴讀者，阿德勒沒有告訴我們什麼事……

或許，本書會讓廣大的「阿德勒理論」信奉者覺得很刺眼，但是筆者寫這本書的用意，絕對沒有絲毫向阿德勒挑戰的意思，純粹只是想提供讀者另外一種瞭解阿德勒「個體心理學」的途徑。

輯 1

# 關於自卑的「小壞智慧」

越是「不要臉」的人，越不會感到自卑

當我們的「自尊心」受到打擊時，潛藏在內心的「自卑感」就會開始作祟，就會開始覺得自己永遠落後在別人的後面，但是又不肯承認因為自卑才會有這樣的負面想法……其原因當然就是我們的臉皮不夠厚，我們擔心被別人嘲笑……

1

# 「自卑感」可以讓你前進 也可以讓你停在原地

## 阿德勒 talk 1

「自卑感」源於意圖改善自己的處境，因此「自卑感」本身並不是一種異常現象，好比說，人只有意識到自己的無知，意識到需要為將來做好準備，才有可能去做改善生活的發明和研究，換言之，人類的一切文化成果都基於「自卑感」。

阿德勒想跟你說

## 「自卑感」是一種助自己前進的力量

通常，在某方面感到「自卑」的人，往往會在自己「自卑」的項目加倍努力，因此，「自卑感」在某個角度來說，是一種鞭策自己努力向前的助力，換言之，一個有「自卑感」的人比有「優越感」的人更能夠知道自己不足的地方在哪裡？

阿德勒沒有告訴你的事

## 「自卑感」經常會被做為「做不到」的藉口

「自卑感」雖然是一種鞭策自己努力向前的助力，但也經常被用來做為「做不到」的藉口，殊不見有些人面對不擅長的事情，往往在還沒開始動手做之前，內心的「自卑感」就跑出來作祟，於是，通常會在第一時間就直接答說自己可能做不到，或是沒有把握可以做的到……

2

# 越是「不要臉」的人 越不會感到自卑

## 阿德勒 talk 2

孩子們知道誰是班上功課最好的，還知道班上每個人的強弱順序，他們不需借助任何依據，就能夠對彼此的能力做出接近事實的排名，但是，他們總是誤以為不可能做得更好，或是覺得自己不可能超越別人，而這些人長大之後，也會算計自己與別人的位置，並認為自己注定會落後在別人後面。

阿德勒想跟你說

## 每個人都誤認為自己不可能做得更好

我們都會有落後別人的想法，但在潛意識裡面卻都不想承認自己不行的「自卑感」，我們經常認為自己不如別人，沒有別人優秀，但是經常會把這種「自卑現象」解讀成只是比較沒有「自信」而已，反正就是死也不肯承認自己有「自卑感」。

阿德勒沒有告訴你的事

## 不肯承認自卑是因為臉皮不夠厚

其實，每個人都有所謂的「自尊心」，而當「自尊心」受到打擊時，潛藏在內心的「自卑感」就會開始作祟，就會開始覺得自己永遠落後在別人的後面，有時候甚至連別人的「車尾燈」也看不到，但是又不肯承認自己是因為自卑才會有這樣的負面想法……歸究原因當然就是我們的臉皮不夠厚，擔心被別人嘲笑……

3

# 你不是自卑
# 你只是不懂得誇大和吹噓

## 阿德勒 talk 3

當我們問別人是否會覺得自卑時，他們通常會這樣回答:「不會，而且我覺得比起周遭的人，還要更樂觀一些…」因此，沒有必要去問一個人是否自卑，因為問也是白問，只要觀察他們是否經常表現出「安慰自己，以及覺得自己很重要」的行為。

阿德勒想跟你說

## 自卑的人會拼命誇大自己不會的東西

不要問別人是否會覺得自卑，問了也是白問，而且，還可能因此得罪了別人，因為，你揭開了別人最不想讓人看見的「傷疤」。

其實，一個有「自卑情結」的人，往往會表現出跟自卑相反的行徑，譬如他會拼命跟別人誇大自己不會的東西，他會向別人一味地吹噓自己在某些方面有多厲害和有多行……

阿德勒沒有告訴你的事

## 誇大和吹噓是「智」療自卑的另類方法

其實，有「自卑情結」的人，只是不懂得用「誇大」和「吹噓」來掩飾自己自卑的行為，如果這些覺得自卑的人，知道如何用「誇大」和「吹噓」來膨脹自己的「自信」，那麼，他們在別人面前，就不會覺得自己一無是處。

總之，「誇大」和「吹噓」是讓一個有「自卑感」的人，變得比較有自信的一種「小壞智慧」。

4

# 不想被別人看扁
# 就必須學會「虛張聲勢」

## 阿德勒 talk 4

如果他覺得自己軟弱，就會創造出自己很堅強的假象，面對「軟弱」這件事，他不是把自己訓練得更強壯、更有能耐，而是努力地假裝自己很堅強，所以，他只好極力地欺騙自己…

阿德勒想跟你說

## 「裝堅強」是一種自欺欺人的行為

當一個人越軟弱，越會在別人面前裝出一副堅強的樣子，雖然這是一種心理防衛機制的正常反應，但這種「裝堅強」卻是一種自欺欺人的行為。然而，這些天性軟弱的人，為何明知「裝堅強」是一種「自欺」的行為，卻還樂此不疲，因為這些軟弱的人，認為「裝堅強」比「變堅強」要容易許多。

阿德勒沒有告訴你的事

## 「裝堅強」也是一種保護自己的方式

這個世界本來就是一個「虛張聲勢」的世界，每個人每天一睜開眼睛就開始在別人面前「裝模作樣」，只是都不肯承認罷了……因此，即便「裝堅強」是一種自欺欺人的行為，但從某種角度來看，也是一種保護自己的方式，因為在這個只要「示弱」就會被人騎在頭上的年代，如果不懂得「裝堅強」，不懂得「虛張聲勢」，就會永遠被別人看扁……

5

# 內心懦弱的人通常都是臉皮不夠厚

阿德勒 talk 5

所有罪犯都是不敢面對困難的懦夫，他們搶先亮出武器，實際上是因為內心脆弱，他們在日常生活表現出內心的懦弱，他們的犯行經常包含鬼鬼祟祟的恐嚇伎倆，因為他們自卑地認為自己沒有解決問題的能力。

阿德勒想跟你說

## 會亮出武器來展現兇狠的人，內心都很脆弱

所有罪犯其實都是虛張聲勢的「紙老虎」，他們往往會先亮出武器來展現自己的兇狠，但其實內心卻脆弱到不堪一擊，而且，他們都很自卑，都自認為沒有能力解決任何問題，因此，只好用犯罪的行為來掩飾內心的懦弱。

阿德勒沒有告訴你的事

## 只要練習「不要臉」，就不用怕曝露自己的懦弱

其實，會用犯罪的行為來掩飾內心懦弱的人，大多是臉皮薄到無法包覆自己的自尊，因此，在找不到更好的方法來掩飾自卑的情況下，才會用傷害別人的方式來告訴別人，自己不是一個自卑懦弱的人，但這些只會用犯罪方法來掩飾自卑的人，如果懂得練習「不要臉」，讓臉皮厚到可以不在乎在別人面前曝露自己的懦弱，那麼也就不必為了掩飾自卑而選擇犯罪的方式。

6

# 想做「有用的人」必須肯跟別人吃同樣的苦

## 阿德勒 talk 6

每個犯錯的人都知道他們的行為於人於己都是有害的，也知道只有具備合作精神的人，才能適切地解決生活中的問題，但他們缺乏的正是合作精神，因為他們非常自卑，擔心跟不上別人的腳步。他們也想做一個對社會有用的人，可是卻非常懦弱，不敢面對「有用之人」所承受的艱苦，只好讓自己做別人眼中的魯蛇。

阿德勒想跟你說

## 每個犯錯的人都想做一個對社會有用的人

每個犯錯的人因為懦弱，以及無法面對「有用之人」所承受的艱辛和痛苦，只好用逞凶鬥狠來掩飾自己無法做一個「有用之人」的自卑感。而這些只會用犯錯的方法來掩飾內心懦弱的人，大多缺乏跟別人合作的精神，因為只要懂得跟別人合作，就可以適時地解決生活中會讓自己感到自卑的問題……

阿德勒沒有告訴你的事

## 自己也想當「有用之人」，只是個藉口

每個犯錯的人，大多會用如果可以當「有用之人」，沒有人會想當「無用之人」這種無奈的話語來為自己的錯誤行為開脫，因為上述這種說法乍聽起來雖然有點道理，而且也能引起別人的共鳴，但仔細深究，卻根本毫無道理，因為並沒有人拿著槍威脅這些人必須犯錯，必須當一個「無用之人」啊！

7

# 用「身體缺陷」來操縱別人對自己的關心

## 阿德勒 talk 7

小孩尿床，無非就是要操縱別人、不分日夜地引起他人的注意。尿床的小孩不是在用嘴說話，而是用膀胱說話，他們用自己身體的缺陷表達了自己的觀點，甚至藉此來向別人挑戰。因此，不論我們如何看，「尿床」都可說是極富創意的表達方式。

阿德勒想跟你說

## 不論大人或小孩都會用缺陷來引起別人的注意

其實，不只是小孩用身體缺陷（尿床）來引起別人的注意和操縱別人對自己的關心，其實就連成人也同樣會跟尿床的小孩一樣，為了引起注意，不惜用自己的「心理缺陷」來獲取別人的關心，譬如有些患有輕度憂鬱症的人，動不動就用自殘的方式來引起別人對自己的關注，又譬如有些能力不足的人，會用犯錯的方式，來讓別人注意到自己……

阿德勒沒有告訴你的事

## 我們都是別人用「缺陷」來引起關注的「共犯」

不論是用身體缺陷或是用心理缺陷來引起注意的人，主要是找不到其他更好的方法來操縱別人對自己的關注，而且事實證明，在一般人不會主動去關注別人「優點」的情況下，用自己的「缺陷」，的確可以成功引起別人的「關注」……換句話說，每個人都是別人用「缺陷」來引起關注的「共犯」。

8

# 我們會利用「害怕」來達到想要達成的目的

## 阿德勒 talk 8

在個體心理學當中，並不會跟教育學家和心理學家一樣一直很關注「害怕」這種感覺，而是會尋找「害怕者」的真正目的，所有受寵的孩子都會害怕，並將這種情緒融入自己的生活方式之中，但他們只是想透過「害怕」吸引媽媽的注意力，以實現與媽媽在一起的目的。

## 阿德勒想跟你說

### 小孩「害怕」的目的就是要讓媽媽陪在自己身邊

在個體心理學之中，探討小孩「害怕」這件事往往將重點擺在尋找「害怕」的目的，而不是放在尋找「害怕」的原因，因為，小孩在還沒出生之前，自己一個人待在母親的子宮，其實已經熟悉了長期獨處在黑暗之中的感覺，因此，出生之後，他們獨自一個人待在黑暗之中會嚎啕大哭，其實不是因為「害怕」，而是為了達到讓媽媽陪在自己身邊的目的。

## 阿德勒沒有告訴你的事

### 小孩真正「害怕」的是被媽媽拋棄

小孩會透過「害怕」這件事來讓媽媽陪在自己的身邊，其主要原因是他們極度缺乏安全感，擔心自己會被媽媽拋棄，也就是他們真正害怕的原因，並不是身處在黑暗之中，而是害怕媽媽會悄悄地離開自己……因此，只好三不五時就透過「哭聲」這條無形繩索，將媽媽綁在自己的身邊……

9

# 「本性難移」只是自己不想改變的萬用藉口

## 阿德勒 talk 9

只要我們找到並了解一個人賦予生命的意義，就意味著已經找到打開他潛在人格的鑰匙，某些人宣稱，人的性格是不可能改變的；事實上，持這種觀點的人只是還沒有找到破解這種情境的密碼。

阿德勒想跟你說

## 人的性格，只要想改變就可以改變

人的性格不可能改變的說法是錯誤的，因為只要找到破解人格的密碼，就可以找到改變人格的鑰匙。

那麼要如何找到破解人格的密碼？其實，只要想改變就可以找到，因此，「本性難移」基本上是一些不想改變的人用來做為逃避現實的藉口。

阿德勒沒有告訴你的事

## 擁有破解人格密碼，也不一定可以改變人格

其實，要找到破解人格密碼的這把「鑰匙」，並不困難，困難的是拿起這把「鑰匙」去破解人格密碼，因此，我們經常說的「本性難移」的關鍵，並不完全是阿德勒所說的無法找到改變人格的「鑰匙」，而大多是即便擁有「鑰匙」也不想去做出改變。

因為，一旦我們做出「改變」，就必須去做「改變」之前不想做的事，而這也是大部分人面對「改變」會卻步不前的原因。

輯 2

# 關於討厭的「小壞智慧」

不惜被人討厭，也不想讓自己變成「空氣」

有強烈「自卑感」的人，都認為自己就是一個沒人關心的「小孩」，因此，他們不惜讓自己變成被討厭的人，來吸引別人對自己的「關注」，即使這種關注是一種負評的關注，也樂此不疲，因為這總比被人當成「空氣」要來得好……

10

# 擔心自己做的不夠好 只因為臉皮還不夠厚

## 阿德勒 talk 10

我們透過一個人顯示自己優越感的行為，可以發現他極力在別人面前用「優越感」來掩飾不想被人知道的「自卑感」，這就像一個人如果覺得自己太矮，便會踮著腳走路，好讓自己看起來高大一點。

**阿德勒想跟你說**

## 因為自卑，才會拼命刷「存在感」

當一個人在某方面覺得技不如人的時候，就會在別人面前拼命強調自己有多厲害來刷「存在感」，因為，我們都不喜歡被別人忽視的感覺，然而，這種擔心被別人忽視，擔心自己做得不夠好，就是一種「自卑」的表現，只是很多人都不肯承認罷了。

**阿德勒沒有告訴你的事**

## 偶爾刷一下「存在感」，有益身心健康

如果三不五時用「吹噓」來刷「存在感」，可以讓自己不會在別人面前變成「空氣」，那麼偶爾用自己的「厚臉皮」刷一下「存在感」不僅無傷大雅，而且，還有益身心健康。換句話說，一些擔心自己做得不夠好，而感到自卑的人，都是因為臉皮不夠厚，因此，才無法在別人面前吹噓自己「有多棒」、「有多行」！

11

# 「練習不要臉」才能不在乎被人討厭

## 阿德勒 talk 11

如果把逃避別人的指責當成自己生命中最需專注的事，其與社會關係就會因此受到影響，以致於在面對每一件事的時候，都會把與別人的一切關係當做一種潛在的勝負關係，在面對每個人的時候，都會在內心判斷:「我是征服者？還是被征服者？」

阿德勒想跟你說

## 不要逃避別人對自己的指責

不要把逃避別人的指責當成生命中最需專注的事，因為在「見不得別人好」的社會，無論「做對」或「做錯」都會被人指責，如果一天到晚把「專注力」擺在到底被誰指責的這件事情上，就會讓自己與社會的一切關係受到影響，甚至會在爾後面對每件事情都會以自己在該件事情當中的潛在勝負關係，來認定自己是「征服者」還是「被征服者」？

阿德勒沒有告訴你的事

## 想要不逃避別人的指責，必須「練習不要臉」

在這個「成者為王，敗者為寇」的社會叢林之中，每個人所做的每件事當中，本來就會因為潛在的勝負關係被區分為「征服者」和「被征服者」，因此，並不需要擔心自己的社會關係受到影響，而去逃避自己是「征服者」還是「被征服者」的問題，另外，想要做到不逃避被別人指責的這件事，除了要不在乎被人討厭，最重要的是必須具備「練習不要臉」的「小壞智慧」，因為只有「不要臉」，也就是放下自己的自尊，才能不去在乎別人對自己的任何指責。

12

# 不惜被人討厭 也不想讓自己變成「空氣」

## 阿德勒 talk 12

受寵的兒童經常會想方設法，來引起媽媽的注意，譬如，他們總是害怕一個人獨自待在黑暗中，但實際上，他們害怕的不是黑暗本身，而是想利用「害怕」這件事，讓媽媽多關心自己一下。此外，他們還會透過大哭大叫，或是其他方法，讓自己成為一個令人討厭的人，而他們的目的，卻只是想讓媽媽跟自己親近一點。

阿德勒想跟你說

## 我們會透過「害怕」這件事來引起別人的注意

通常，我們害怕的不是事件的本身，而是要透過「害怕」這件事來引起別人的注意，就像一個待在黑暗中的嬰兒，他害怕的並不是「黑暗」，而是想利用「害怕黑暗」這件事來引起媽媽對自己的關心，因此，我們經常可以看到很多嬰兒會在半夜中竭盡全力的嚎啕大哭，他不顧一切吵醒所有人，讓自己成為「討厭鬼」，以換取媽媽對自己的關注。

阿德勒沒有告訴你的事

## 越是自卑的人，越會想辦法來獲取別人的關注

其實，會透過「害怕」這件事來引起別人關注的人，都有強烈的「自卑感」，都是認為自己就是一個沒人關心的「小孩」，因此，他們不惜讓自己變成被討厭的人，來吸引別人對自己的「關注」，即使這種關注是一種負評的關注，也樂此不疲，因為他們認為這總比被人當成「空氣」要來得好……

13

# 拼命追求「優越感」只是為了證明自己的存在

## 阿德勒 talk 13

當我們沒有受到與別人一樣的尊重，不可能不心生怨恨和惱怒，人總是不斷地追求高人一等的優越感，而且這種追求沒有止境。然而，一旦這種追求偏離了軌道，甚至走火入魔，就跟原來追求的目的背道而馳。

阿德勒想跟你說

## 可以追求「優越感」，但不能過了頭

人總是不停地追求優越的身分和地位，因此，一旦沒有受到與別人一樣的尊重，就算個人再如何有修養，也難免會心生怨恨，但是這種對「優越感」的追求，一旦過了頭，動不動就因為別人對自己不夠尊重而惱羞成怒，也就失去追求「優越感」這件事的真正意義了。

阿德勒沒有告訴你的事

## 不停追求優越感的人，大都有強烈的自卑感

有些人不停地透過各種方式追求優越感，只是為了證明自己的「存在感」，因為這些人內心潛藏著強烈的自卑感，因此，一旦覺得別人對自己不夠尊重，內心深處的「自卑感」就會開始作祟，就會以為是不是自己沒有比別人優秀，所以才沒有受到與別人同樣的尊重，但是這些人又不想在別人面前承認自卑，只好用「惱羞成怒」的方式來指責別人為何看不起自己……

14

# 只要「不要臉」就不會在乎別人怎麼看自己

## 阿德勒 talk 14

如果一個小孩有生理缺陷，他必須明白，自己並不會因此缺少智力或能力，同樣的生理缺陷，有的人可能把它當成付出更大努力，獲得更大成就的原動力，有的人則可能把它視為自己發展的障礙，其實，影響心靈的並不是缺陷本身，而是到底採取什麼態度去面對自己的缺陷。

阿德勒想跟你說

## 你的態度決定「生理缺陷」是助力還是阻力

一個人有「生理缺陷」沒有關係，重點就在於如何利用「生理缺陷」做為向前邁進的動力，而不是成為自己前進的阻力。然而，要讓「生理缺陷」成為動力，而不是成為阻力的關鍵就在於我們面對「生理缺陷」的態度，殊不見有些人會將臉上的「傷疤」當成記錄人生過程的記號，但有些人卻會認為臉上的「傷疤」是別人嘲笑自己的「標的」。

阿德勒沒有告訴你的事

## 厚臉皮的人，比較不會在乎別人的異樣眼光

電影《奇蹟男孩》有句經典語錄：「每個人臉上都有記號，那是記錄我們人生軌跡的地圖。」其實，想克服自己的「生理缺陷」，最重要的是把「生理缺陷」當成自己的一部分，以及不要在乎別人的「異樣眼光」，而想要克服「異樣眼光」，最重要的就是必須先練習「不要臉」，因為只要臉皮夠厚，也就不會那麼在乎別人用什麼眼光來看自己，或是別人怎麼在人前或背後評論自己了……

15

# 被人討厭是引起別人注意必須付出的代價

## 阿德勒 talk 15

一個想方設法想成為別人注意焦點的小孩，懲罰和斥責對他是發揮不了作用的，因為他把受到懲罰和斥責當成一種樂趣，他會經由讓大家討厭他，以引起別人對自己的注意，因此，他會做鬼臉，擾亂全班，來讓大家注意到自己，換句話說，他寧願受罰，也不想看到自己被忽視，在他看來，受罰是為了得到「注意」應該付出的代價。

阿德勒想跟你說

## 惹別人生氣，只是不想讓自己變成空氣

有些人寧願受懲罰，也不想看到自己被忽視，有些人為了引起別人的注意，不惜讓自己被人討厭，有些人會故意搗蛋來惹別人生氣，其目的只是不想讓自己變成空氣，因為這些人認為雖然無法用優異的表現來成為別人注意的焦點，但至少可以用被人討厭的方式，來讓別人注意到自己。

阿德勒沒有告訴你的事

## 被別人討厭總比拍人馬屁要來得好

為了不想讓自己被忽視，不惜用被人討厭的方式來引起別人的注意，總比刻意去討好別人來引起別人對自己的重視要來得好，因為被別人討厭之後，至少還可以不必理會別人的眼光自在地做自己，但是，透過討好別人來獲得別人的重視之後，就必須經常說一些連自己都覺得噁心的「好話」來拍別人馬屁，才能繼續受到別人的關注。

16

# 做人不辛苦<br>辛苦的是要做討人喜歡的人

## 阿德勒 talk 16

我們壓抑了某些慾望和意願，例如為了其他人的利益，會去思考如何做才能不惹怒對方，才能讓對方欣喜高興，因此，我們學會了怎樣做才能表現得乾淨俐落，就連飢餓這種無法控制的生理反應也不是自然的發洩，殊不見一些有關進食的禮儀也刻意做到品味高雅和謙遜得體。

阿德勒想跟你說

## 為了顧及人情世故，我們學會了看人臉色

人的年紀越大，越是會壓抑自己的慾望，人的年紀越長，越是懂得如何看人臉色，因此，在跟別人互動時，會去思考如何顧及別人的利益，才不會引起對方的敵意，在社交場合也會思考如何克制自己的喜好，才能在別人面前展現高雅的品味，但是這種裝出來的「自己」，會連你都討厭這樣的自己。

阿德勒沒有告訴你的事

## 可以不必壓抑自己的欲望，瀟灑地做自己

為了在別人面前展現最完美的自己，我們往往會不惜壓抑自己的欲望和喜好，但問題是這種用壓抑「原來的我」所打造的「完美自己」並不是真正的自己，而且，做人也不必做的那麼辛苦，與其要辛苦地壓抑欲望，做一個被人喜歡的人，還不如「隨心所欲」做想要做的事，即使被人討厭，至少可以很瀟灑自在地做自己。

17

# 當你不再成為別人的關注焦點 你就自由了

## 阿德勒 talk 17

那些被寵壞的小孩所受的教養導致他們認為自己就是王道，由於，他不需要努力就會受到重視，因此，只要他不再是被注意的焦點，就會大失所望，並且覺得這個世界辜負了他，他所受到的教育，讓他只會索取而不會付出。

阿德勒想跟你說

## 每個人心中都住了一個「被寵壞的小孩」

每當我們因為某種原因受到別人關注，往往不需太努力就可以受到重視，但是一旦在重視自己的人心裡失了勢，不再是別人關注的焦點，心中那個「被寵壞的小孩」就會跑出來，就會開始覺得全世界都對不起自己，否則，別人怎麼會看不見這麼努力的自己？

阿德勒沒有告訴你的事

## 不再受到別人關注，就不必再活在別人的眼光之中

當我們不再成為別人關注的焦點，內心會感到失落、不安，進而產生一種「全世界都辜負自己」的負面情緒，其實這是一種正常的反應，因為如果一個人突然從雲端跌到谷底，一點抱怨和失望都沒有，那才叫做奇怪，因此，當你不再受到重視，當然可以發洩大失所望和揣揣不安的情緒，但換個角度想，不再受到別人關注，不就代表自己不必再活在別人的眼光之中，從此之後就可以自由自在地過自己想過的生活。

18

# 越是自我的人
# 越容易被人討厭

## 阿德勒 talk 18

我們往往會在那些「自我中心」的孩子臉上讀到卑劣和空虛的表情，他們以不同於常人的方式觀察這個世界，他們不敢盯著別人的眼睛看，只會追求個人的興趣和優越的地位，他們的生活缺少一種共同的意義，人生的觀點是：「生命因我而精采」，然而，這種理解不可能得到全部人的認同，因為，所謂「理解」就是希望別人也以同樣的方式領悟某件事物，它必須由兩個以上的人才能完成，獨自一個人是無法辦到的…

阿德勒想跟你說

## 越是自我中心的人越難跟別人溝通

所謂的「理解」應該是你來我往的「雙向道」，而不是獨來獨往的「單行道」，但是有些「自我主義」的人經常會認為「生命因我而精采」，因此，這些「自我中心」的人很難跟別人溝通，他們只追求個人的興趣和優越的地位，他們以自我為前提的觀察世界方式，也無法獲得別人的認同……

阿德勒沒有告訴你的事

## 跟別人很難溝通的人，只是想成為被人討厭的人

一些只追求個人興趣和優越地位，只追求本位主義，跟別人很難相處和溝通的人，其實是努力讓自己成為一個被人討厭的人，因為他們認為只有成為被人討厭的人，才可以不必理會別人的期待和認同，也才能心無罣礙地去打造屬於自己的精采人生，但是有這種「人生逆向體會」的人，少之又少。

19

# 用「吹牛」來練習「不要臉」

## 阿德勒 talk 19

當我們面對一個愛吹牛的小孩，在乍看之下往往會覺得他有一種「優越感」，但是，只要我們不只注意他的語言，還認真研究他的行為，很快就會發現他那種不願在別人面前承認的「自卑感」。

阿德勒想跟你說

## 「吹牛」是一種自卑的表現

有些人用「吹牛」來掩飾自己不願承認的「自卑感」，因為一般人的「吹牛」內容往往都是自己欠缺的能力，而他們為了讓別人不會一下子就發現自己的弱點，往往會厚著臉皮在別人面前吹噓自己在某些方面有多厲害，藉此來掩飾那些不想被別人發現的弱點。

阿德勒沒有告訴你的事

## 「吹牛」可以讓自己體驗「自信」的感覺

其實，「吹牛」不僅可以用來掩飾「自卑感」，也可以讓自卑的人透過「吹牛」練習「不要臉」以及「免費」體驗「自信」的感覺，雖然這種「自信」是虛擬的、是假的，但是在人生過程中，其實很多真的事情都是從「弄假成真」開始，只要每天都用「吹牛」在別人面前展現出一副自信滿滿的樣子，時間久了，那些用「吹牛」構築的「假自信」就會在無形中出現在自己的日常行為之中……

輯3

# 關於做夢的「小壞智慧」

不敢做「白日夢」，就是不敢向未知挑戰

有些人或許會認為「白日夢」都是一些不切實際的妄想，根本就不可能在現實生活中達到……但我卻認為不敢做「白日夢」，就是不敢向未知挑戰，因為，只要有心想做，那些在「白日夢」之中所出現的「妄想」雖然不切實際，又何嘗不是在未來可以努力逐步達到的目標。

20

# 用做夢來解決的問題都是現實中棘手的難題

## 阿德勒 talk 20

「做夢」其實是對睡眠的一種干擾，只有消除了緊張感，找到了解決問題的方法，睡眠才不會受到干擾，因此，我們可以肯定的是只要現實問題的壓迫仍然在熟睡中困擾著自己，並要求自己必須找到答案的情況下，才會做夢。

阿德勒想跟你說

## 可以在夢中紓解被現實壓迫的身心壓力

我們因為現實生活中一些無法解決的問題造成內心的壓力，所以才會做夢，也就是無法在現實生活中解決的問題，往往會在夢境中得到讓自己滿意的答案，以釋放在現實生活中無法釋放的壓力，譬如在現實生活中愛上一個不可能會愛你的人，在日有所思，夜有所夢的情況下，就可能會在夢中跟這個不可能愛你的人變成一對戀人……

阿德勒沒有告訴你的事

## 在夢境中所得到的答案，往往跟現實背道而馳

「用做夢來解決的問題，大都是現實中棘手的難題。」由於我們在夢境中所得到的答案，通常會跟現實生活中最後的結果背道而馳，因此，往往在夢醒之後，會讓自己的心靈更加空虛，而且，這種在夢境中獲得解決的現實問題，終究只能暫時紓緩被現實壓迫的身心，夢醒之後，還是必須重新面對必須面對的問題。

21

# 不敢做「白日夢」就是不敢向未知挑戰

## 阿德勒 talk 21

我們或許會發現那些喜歡用科學來做為依據，而不為感性之事所感動的人很少會做夢，甚至根本不做夢，但有一些不想透過正常有效和符合常識方法來解決問題的人，經常會做夢，他們想透過「做夢」，來肯定自己錯誤的生活方式，以及逃避現實的挑戰。

阿德勒想跟你說

## 不要透過「做夢」來逃避現實的挑戰

有些人經常透過「做夢」來逃避現實生活中的種種挑戰，有些人則是會透過「做夢」來肯定自己，當然這裡所說的「做夢」可以解釋成「白日夢」，也就是一般人不想面對現實生活中必須去面對的問題，就會做「白日夢」來暫時逃避那些不想面對的現實。

阿德勒沒有告訴你的事

## 「白日夢」其實是一種可以讓你預演成功的夢境

有些人或許會認為在「白日夢」之中所虛擬的目標都是一些不切實際的妄想，根本就不可能在現實生活中達到，因此，我們經常會被告誡不要做「白日夢」，但是，我卻認為不敢做「白日夢」，就是不敢向未知挑戰，因為，只要有心想做，那麼這些在「白日夢」之中所出現的「妄想」，雖然不切實際，又何嘗不是可以努力逐步達到的目標。

22

# 「做夢」其實是在練習做不可能做到的事

阿德勒 talk 22

每個夢都是一次的自我陶醉和催眠，因此，我們都會在夢中愚弄自己，做夢的目的就在於創造一種心境，讓我們在面對某種情況時，預先做最充分的準備。我們在夢中看到的，其個性特徵與日常生活完全相同，當然也看到心靈在夢中留下的各種感覺，而這些感覺是為了替白天的行為做好準備。

阿德勒想跟你說

## 做夢的目的就是催眠自己去做現實生活做不到的事

「做夢」是一種自我陶醉和催眠的心靈活動，「做夢」的目的主要就是要催眠自己，只要自己預先做好充足的準備，一些在白天以為做不到的事，就沒有想像中那麼困難，換句話說，「做夢」其實是在為白天不可能完成的事，預做可能完成的準備工作……

阿德勒沒有告訴你的事

## 「做夢」也可能只是為了逃避現實中的煩惱事

「做夢」的目的主要是要催眠自己，或者是欺騙自己，那些在白天以為做不到的事，並沒有想像中那麼困難，因此，有人說：「『做夢』其實是在練習做不可能做到的事。」但是，做夢也有可能只是「做夢者」為了逃避現實中的煩惱事，因而讓自己一頭栽進不用做任何努力和不需負任何責任的夢境中。

23

# 不願意去了解夢 只因不想從「美夢」中醒來

## 阿德勒 talk 23

我們很難弄懂欺騙和愚弄自己的夢，但是，如果我們了解夢，夢的意圖就失去了，如果我們了解夢，夢就不能激發和欺騙自己的情感，我們也就會選擇符合常識的方式行事，不再聽從於夢的指使。

阿德勒想跟你說

## 如果了解夢，就不會再受到夢的愚弄

如果了解「夢」只是一種用潛意識所打造的「避風港」，那麼夢就再也無法愚弄我們，如果了解「夢」，夢就再也不能透過激發情感的方式來欺騙我們……如果了解「夢」，我們就不會再聽從所謂夢境的指示，而是會依照現實生活中的常識去做自己應該做的事。

阿德勒沒有告訴你的事

## 要了解夢並不困難，但很多人卻不願意去了解

其實，要了解「夢」並不困難，但是很多人寧願接受「夢」的愚弄和欺騙，也不願去了解「夢」？因為一旦去了解「夢」，「夢」就再也不能激發我們的情感，因而讓自己從此失去一個可以暫時逃避現實的地方，因此，大部分人寧可讓「夢」繼續愚弄和欺騙自己，也不願去了解「夢」，原因是他們都很怕自己會從「美夢」之中醒過來。

24

# 束手無策的人才會期待在夢中找到答案

## 阿德勒 talk 24

夢是當前的現實問題和生活方式之間的橋梁，但生活方式不應該因此偏向夢的那一端，而是必須勇於接觸現實，每一個夢都只揭示了做夢者所處的特定環境，在這個特定環境之下，做夢者應該透過夢境來感覺自己的生活在那一點需要加強。

阿德勒想跟你說

## 遇到無法解決的問題就會到夢中找答案

每個人在日常生活中都會遇到一些必須克服的現實問題，但是當這些現實問題無法得到立即有效的解決，「夢」就扮演起現實問題和日常生活之間的橋梁，也就是一些無法在日常生活中解決的現實問題都可以透過夢境找到「答案」，而且，這些「答案」其實老早就藏在自己的潛意識之中，只是我們透過「夢」這個管道將它翻了出來……

阿德勒沒有告訴你的事

## 有些「人生問題」並無法在夢中找到答案

在現實生活中，束手無策的人，才會到夢中找答案，雖然，「夢」經常扮演起現實問題和日常生活之間的橋梁，但是，有些「人生問題」並無法在夢中找到答案，而是必須在清醒的狀況之下去認真面對，譬如柴米油鹽醬醋茶的「民生問題」；又譬如為何到人間走一遭的「生命問題」。

25

# 在夢中從容面對現實中一直逃避的問題

## 阿德勒 talk 25

夢來自個人對自己所處特定環境的解析，人們在夢中常使用的一個花招就是把問題化小，只留下原來問題的精華部分，然後，把其他部分運用暗喻表達出來，最後把它當成原本的問題來處理。

阿德勒想跟你說

## 所有的大問題到了夢中都會變成小問題

由於，夢是每個人潛意識的產物，而每個人在潛意識之中，都希望所遇到的問題都能大事化小，小事化無，因此，我們在夢中都會將現實生活中無法解決的問題自動變小，也就是只會在夢中顯示問題的核心部分，其目的就是要讓現實生活中的棘手難題到了夢中，變成一個稀鬆平常的簡單問題。

阿德勒沒有告訴你的事

## 夢醒之後，還是必須去面對原本的問題

即使在夢中可以將問題「簡單化」，但在夢醒之後，還是必須去面對原本棘手的問題，而且，不能因為在夢中將問題變小變簡單，因而就掉以輕心，千萬要切記，在夢中將問題化小，只是要讓我們在夢中可以從容面對現實中一直逃避的問題，以便在夢醒之後，回到現實生活中，可以更有勇氣去面對以前不想面對的問題。

26

# 夢再如何神奇，也不可能讓你在現實中「飛起來」

## 阿德勒 talk 26

許多人都曾夢見自己飛了起來，其實，這種夢和其他類型的夢沒有兩樣，關鍵還是在於它所激發的感覺，它使做夢者的心情由失落到重燃信心，從而讓自己對未來充滿希望，夢把戰勝困難，追求優越感的目標描繪著毫不費力，從而讓做夢者重新具備永不放棄的鬥志。

阿德勒想跟你說

## 夢可以讓做夢者在現實世界的自卑感一掃而空

夢可以把戰勝困難這件事變的跟呼吸一樣簡單，讓自己不費吹灰之力就可以輕易地「飛起來」，因而讓追求優越感的目標不再遙不可及……

夢可以讓做夢者不再認為自己一無是處，將在現實世界的自卑感一掃而空，進而讓做夢者在夢中認為自己是一位無所不能的超人，而這就是做夢的神奇魔力。

阿德勒沒有告訴你的事

## 回到現實，還是必須去面對困難和解決困難

即使在夢中認為自己是一位所向披靡的無敵英雄，但是回到現實中還是必須面對自己一無是處的窘境，因此，夢雖然把戰勝困難變簡單，但是回到現實的我們還是必須去面對困難和解決困難，因為現實生活可不像在夢中，可以什麼都不做就可以把困難問題變簡單，在現實生活中可不像在夢中，可以什麼都不做就可以讓自己「飛起來」。

27

# 越是快樂的美夢 越會讓現實的痛苦加倍

## 阿德勒 talk 27

記憶的作用與夢的作用相同，譬如憂鬱的人會透過回憶過去美好時光和成功的經歷來排除心頭的憂鬱，就像許多人在做出決定之前，會夢見自己某場考試成功，其實，他們是把自己的決定當成一場考驗，想藉此塑造一種成功的心境。

阿德勒想跟你說

## 快樂的記憶可以療癒人心

其實，記憶和做夢同樣都具備療癒人心的效果，因此，當我們遇到任何無法即時解決的問題，就會回想以往類似問題的記憶，然後在心中告訴自己既然以前可以安然度過，現在應該也可以順利過關，同樣道理，當我們遇到一些煩心的事情，就會去回想以前一些快樂的事情，來試圖平衡一下現在煩亂的心境，而這也就是為何有人會在心情不好的時候，跑去看不需動大腦的喜劇電影。

阿德勒沒有告訴你的事

## 快樂的記憶會讓憂鬱的情緒加劇

用過去的快樂回憶來療癒現在憂鬱的心境，其實只是一種自我安慰的自欺行徑，因為，在現實生活中，大部分人不僅無法透過開心快樂的回憶來讓自己從憂鬱的泥淖之中走出來，而且還會覺得再也無法擁有那些開心快樂的事，因而讓憂鬱越來越嚴重……

這也就是為什麼有些人都不想從自己過去的「美夢」中醒過來，因為他們深知越是快樂的「美夢」，越會讓現實的痛苦加倍……

28

# 我們想要的東西
# 往往是可有可無的東西

阿德勒 talk 28

自小嬌生慣養的人，他們的人生觀早在四、五歲時就已形成，所以，面對任何情況，他們都會問：「我能得到想要的東西嗎？」一旦得不到想要的東西，就會認為生命毫無意義，就會以為失去了人生的目標，甚至因為悲觀失望而萌生「求死」的念頭，因此，這些嬌生慣養的人，對社會而言，是一種潛在的危險⋯

阿德勒想跟你說

## 有些人得不到想要的東西，就覺得人生失去意義

很多嬌生慣養的人，由於從小父母親就對他有求必應，讓他覺得整個世界好像都繞著他轉動，以至於長大後，只要得不到想要的東西，就會認為自己遭受到重大挫折，甚至認為得不到想要的東西，自己的人生就失去意義，進而覺得活在這個世界上是一件痛不欲生的事……

阿德勒沒有告訴你的事

## 自己想要的東西，並不一定就是自己需要的東西

得不到想要的東西，就會悲觀失望，甚至萌生「求死」念頭的人，往往不知道自己想要的東西，並不一定就是自己需要的東西，只要這些人知道想要的東西，其實是可有可無的東西，也就不會因為得不到想要的東西，就覺得人生失去意義，但問題是大部分的人都認為自己想要的東西就是自己需要的東西。

29

# 「暗喻」可以解決問題 但也會製造問題

## 阿德勒 talk 29

人們運用「暗喻」是為了追求美好，為了激起想像，為了魔化幻想，因為，透過「暗喻」，可以把一些不相關的事和一些只能訴諸感情的事都混在一起，另外，也可以透過「暗喻」欺騙自己，盡管它是一種奇妙的表達工具，但我們必須強調，如果一個人的生活方式錯了，那他所運用的「暗喻」符號就很危險。

阿德勒想跟你說

## 「暗喻」可以激起想像，也可能引起危險

我們雖然可以透過「暗喻」來激起想像，以及把一些不相關的事串連在一起，甚至可以透過「暗喻」來對別人表達自己的不滿，但是，如果一個人的生活方式錯了，或是心術不正，那麼他往往會透過暗喻的方式來攻擊別人。

阿德勒沒有告訴你的事

## 不要讓「暗喻」變成「暗諷」

雖然可以透過「暗喻」來將一些只能訴諸感情的事混在一起，譬如透過「暗喻」來表達自己的不滿，但是，在運用「暗喻」的時候，必須特別小心所使用的「暗喻」語句，千萬不能讓被你「暗喻」的人，以為你是在「指桑罵槐」，或是以為你是在「暗諷」他……因此，必須好好運用「暗喻」這個語言工具，如果運用不當，不僅無法解決問題，還會製造更多問題。

輯4

# 關於逃避的「小壞智慧」

面對問題最務實的做法就是「逃避」

如果有些困難就算認真去面對也無濟於事，那麼「退縮」或「逃避」就是不得不具備的一種解決難題的「小壞智慧」……或許，從小這個世界就告訴我們遇到問題必須勇於面對，逃避並不能解決問題，但事實證明，有些無法解決的問題，往往都是在暫時逃避或退縮的情況下而出現了一些轉機……

30

# 遇到問題不要馬上面對 而是要學習如何逃避

## 阿德勒 talk 30

由於，「自卑感」總會對人造成壓力，因而人往往會做出朝向「優越感」的補償性舉動。然而，這些「優越感」的舉動對解決問題一點幫助都沒有，而只是為了減輕自己的「自卑感」而已，因為真正的問題仍然存在，或者被擱置在一旁，因此，有自卑感的人給別人的印象往往是猶豫不決、停滯不前，在困難面前畏縮退卻。

阿德勒想跟你說

## 遇到問題不要只會猶豫不決、停滯不前

有自卑感的人，遇到問題只會猶豫不決、停滯不前，在困難面前只會畏縮退卻，而且，會拼命用「優越感」來掩飾或補償內心自認為不足的那一塊，因此，在這個前提之下所做的一切，都只是為了掩飾內心的「自卑感」，而不是利用自己的「優越感」去努力解決被擱置在一旁的真正問題。

阿德勒沒有告訴你的事

## 「猶豫不決」反而讓自己有更多時間思考問題

遇到問題只會猶豫不決、停滯不前，遇到困難，只會在困難面前畏縮退卻，雖然是一種逃避的消極方式，但是，有些讓我們傷透腦筋的難題，用直接面對的方式解決，並不是最好的方法，反而如果可以先在這些難題的面前暫時「逃避」一下，然後再利用「逃避」的這段時間來深入思考這個想不透的難題，這些「難題」往往因為多了一些時間思考，因而出現轉機。

31

# 面對問題最務實的做法
# 就是「逃避」

阿德勒 talk 31

有些人為了比別人更「誠實」，「坦承一切」成了實現這一目標的工具，也成了努力表現「自我優越感」的方式，因此，他們毫不掩飾地在別人面前表明自己的懦弱和心力交瘁，不管是逃避考試，還是不找工作……但這些看似「誠實」的行為，其實都是因為他們有意逃避一些擔心失敗的事所造成的。

阿德勒想跟你說

## 老實承認自己做不到，只是為了逃避

每個人所有一切負面情緒都是有意逃避一些擔心失敗的事情所造成的，老實承認做不到，只是為了顯示敢在別人面前曝露自己不足的「優越感」，但實際上卻是在逃避那件做不到的事。但諷刺的是這種「坦承自己做不到」的「偽老實」行為，卻經常會受到大部分人的肯定和讚賞。

阿德勒沒有告訴你的事

## 「逃避」往往讓難解的事情有了轉圜餘地

其實，引起負面情緒的，還包括原本十拿九穩的事，在最後關鍵時刻「陰溝裡面翻船」，因為，人生的最大悲劇並不是失敗，而是應該成功卻沒有成功。

另外，所有一發不可收拾的事，十件有九件都是不懂得「逃避」所產生的，這個世界告訴我們遇到問題就必須去面對，卻沒有告訴我們遇到問題直接面對，並不是解決問題的最好方法，而必須極力避免的「逃避」反而才是面對問題最務實的做法……因為，事實證明有些事情，懂得「逃避」，往往讓一些難解的事情有了轉圜的餘地。

32

# 「逃避」當然可以解決問題

## 阿德勒 talk 32

在困難面前，最徹底的退縮方式就是自殺，通常，有自卑情結的人在面對各種問題時，往往透過「自殺」來表達自己已經無能為力……而且，自殺者總是把自己尋死的原因歸咎於別人，他們通常會這樣說：「我是世界上最脆弱最可憐的人，但你們卻這麼殘忍地對待我。」

## 阿德勒想跟你說

### 「退縮」是一種自卑表現，「逃避」不能解決問題

遇到一時無法解決的問題，只會一味退縮，甚至不惜透過「自殺」來表示自己確實已經無能為力的人，往往是自卑感在作祟，而且，這些人最後還會把自殺的原因推給別人，譬如都是因為別人「見死不救」，自己才會落到這個地步……但這些自殺的人是否想過，如果連自己都對自己「見死不救」，又怎麼能奢望別人對自己伸出援手呢？

## 阿德勒沒有告訴你的事

### 暫時的「逃避」或「退縮」可以解決問題

如果有些問題困難到就算去認真面對也無濟於事，那麼有時候「退縮」或「逃避」就是不得不具備的一種解決難題的「小壞智慧」……或許，從小就被灌輸遇到問題必須勇於面對的人，會認為逃避並不能解決問題，但事實證明，有些無法解決的問題，往往都是在選擇暫時逃避或退縮的情況下，出現了一些轉機……

33

# 惹別人生氣<br>只是想逃避不想面對的問題

## 阿德勒 talk 33

如果只注意到一個小孩的功課不好，或者學校對他的評語不行這樣的枝微末節，並想對此加以改善，那必定不會產生任何效果，也許這個小孩只是想讓老師生氣，甚至是想透過老師開除他來逃避學校，即使阻止他運用這種方式，他還是會找到新的辦法去實現他的目標。

阿德勒想跟你說

## 小孩惹老師生氣，只為了逃離學校

大部分會想盡辦法惹老師生氣的小孩，其目的只有一個，那就是想藉此來激怒老師，以達到讓老師將自己開除的目的……而有些懂得這些小孩心理的老師會努力地克制自己的情緒，不讓那些想透過激怒老師而離開學校的小孩得逞……但是這些下定決心想離開學校的小孩還是會繼續想其他方法來達成他們想離校的目標……

阿德勒沒有告訴你的事

## 惹老師生氣的小孩，只想獲得老師的關注

一天到晚想方設法惹老師生氣的小孩，也許只是想獲得老師對自己的關注，因為這些惹老師生氣的小孩，可能無法像一些成績優秀的學生，可以用亮眼的成績來讓老師關注自己，因此，為了不想在老師的面前變成「空氣」，只好用惹怒老師的方法，來引起老師對自己的注意……

34

# 「偏頭痛」是一種控制別人的「情緒勒索」

阿德勒 talk 34

一個人若犯了偏頭痛，那麼這種「頭痛」對他也許極為有用，因為，一旦他有特別需要，「頭痛」就會適時發作，他透過「頭痛」，解決各種麻煩的問題，每當他被迫面對家人或公司新人，或是必須做重大決定時，「頭痛」就會發作，因為「頭痛」可以幫助他控制下屬及家人，換言之，頭痛對他而言，是一筆聰明的投資，讓他可以獲得想要的一切……因此，我們又怎能夠期望他放棄呢？

## 阿德勒想跟你說

### 一遇到「頭痛」的問題就會用「偏頭痛」來解決

每個人都會有一種用來操控周遭的人的「偏頭痛」，而這種「偏頭痛」可以幫自己解決生活中遇到的各種麻煩事，因此，每當遇到麻煩問題，曾經幫他有效解決問題的「偏頭痛」就會慣性發作……這種「偏頭痛」不一定是指真的「頭痛」，而是只要使出來，就會讓別人不得不就範的一種動作、情緒或是行為……

## 阿德勒沒有告訴你的事

### 「偏頭痛」並不是解決麻煩問題的萬靈丹

通常，會使出「偏頭痛」來解決麻煩問題的人，無非就是想用「情緒勒索」的方法來奪取別人的關心，進而達到控制別人的目的……因為，會對這種「情緒勒索」買單的人，大多是關心那個使出「偏頭痛」的人，換句話說，「偏頭痛」是建立在彼此關心的情感關係上，如果雙方沒有任何情感關係，「偏頭痛」就無法發生絲毫效果……因此，並不是所有的麻煩問題都可以透過「裝可憐」的「偏頭痛」方式來解決喔！

35

# 為了逃避，當然可以幫自己找一個「擋箭牌」

## 阿德勒 talk 35

很多人把婚姻當成各種失敗的「擋箭牌」，譬如有人遇到學業或工作上無法解決的難題，就會用「結婚」來逃避，有些人還可能為其他不正當的目的而結婚，例如有人結婚是為了得到一個免費的奴隸，有人結婚是因為可以少奮鬥三十年，有的人則是一時感情用事而結婚……

阿德勒想跟你說

## 不想直接面對問題，就會找藉口來逃避

有些人在工作或學業上遇到無法解決的難題時，就會找個對象結婚，然後，在結婚之後，就把大部分的時間花在經營婚姻上，接著就可以對別人說自己的工作不順利，或是無法順利拿到碩、博士學位都是因為「結婚」……而這就是人性，也就是不想直接去面對問題的時候，就會找一個大家都會接受的藉口來逃避不想面對的那個問題。

阿德勒沒有告訴你的事

## 找藉口來逃避問題，也是一種危機處理

遇到不想面對的難題時，立即找一個「擋箭牌」，然後順利地將問題的焦點轉移到其他地方，其實是處理危機不得不使出的一種「小壞智慧」，但是這種轉移焦點的方法，終究只是一時的權宜之計，事後還是必須回過頭來處理那個被轉移掉焦點的問題。

36

# 你越想壓抑情緒 情緒就越容易潰堤

## 阿德勒 talk 36

有些人經常會把生活搞得「不正常」來當成發洩的管道，因為，這些人的衝動和情感若不能毫無約束地發洩出來，就會疑心這個世界對他們居心叵測…然而，這種不正常的生活方式使他們形成一套錯誤的社會觀點，但是在他們的心目中，這些觀點即便是錯誤的，卻具有舉足輕重的地位……

阿德勒想跟你說

## 不要用錯誤的生活方式來發洩情緒

有些人經常會把自己的生活搞得「不正常」來發洩內心的情感和衝動的情緒，譬如晚上不睡覺揪人跑去KTV夜唱，唱到看到太陽露臉才願意回家睡覺……而且，還將這種日夜顛倒的生活方式，美其名為「夜貓族」的日常，甚至還成為一種「次流行文化」，然而，盡管這種日夜顛倒，晚睡晚起的生活習慣是錯誤的，卻成為這些自許為「夜貓族」的年輕人，到處向別人吹噓的生活方式。

阿德勒沒有告訴你的事

## 「不正常」的生活方式也是發洩情緒的一種管道

透過「不正常」的生活來發洩壓抑在心中的情緒，雖然是一種錯誤的方式，但這總比找不到管道發洩，而將情緒壓抑在心中要好許多，因為你越想壓抑情緒，情緒就越容易潰堤，但是前面這段內容並不是要鼓勵大家用「不正常」的生活方式來發洩壓抑在內心的情緒，而是希望大家可以依據現實的情況，找到一個適合自己發洩情緒的管道。

37

# 努力避免受到挫敗
# 而不是努力追求成功

阿德勒 talk 37

如果有人無法解決某個問題，並強調說，他確信自己無法解決，這時他所表現出來的就是「自卑情結」，從這個定義，我們可以認定，憤怒、淚水與道歉一樣，都是自卑情感的表現。而且，通常有這種「自卑情結」的人，往往會用逃避的心態來限制自己的思考和行動的範圍，讓自己在限制的範圍之中避免受到挫敗，而不是努力追求成功。

## 阿德勒想跟你說

### 認為自己做不到，就會開始找「做不到」的藉口

一遇到問題就認為可能做不到的人，雖然還是會努力去解決那個可能做不到的問題，但卻會把自己的努力限制在避免受到挫敗的舒服區裏面，因為在他的潛意識之中，已經認為自己不可能成功，因此他在這個限制範圍裏面所做的所有努力，都是讓自己不要受到重大挫敗。

## 阿德勒沒有告訴你的事

### 「成功」通常不會出現在原本做好的「成功計畫」

在不是以追求成功為前提的範圍裏面做努力，比較不會有一定要獲得成功的壓力，而且，有些「成功」一開始也都是從如何不受到挫敗開始做起，因此，沒有將成功設定成自己努力最終目標的人，不一定不會成功，只不過他將「成功」建立在不會遭受到挫敗的基礎上面，更何況如果在沒有預期會成功的情況下，卻意外獲得成功，這種「成功」往往比一開始就計畫獲得的成功還要珍貴。

38

# 想模仿「英雄」的人<br>只是不想承認自己是「懦夫」

## 阿德勒 talk 38

所有罪犯都是膽小鬼模仿英雄行為，如果他們知道我們了解他們是懦夫，必定會大吃一驚。因為當他們自以為戰勝了警察，並且全力以赴去實現這種「優越感」，虛榮心和驕傲會因此得到極大的滿足，但是他們缺乏常識虛構出這些所要達到的「優越目標」，只是一種自以為是的錯誤。

阿德勒想跟你說

## 所有的罪犯都不想讓別人知道自己是懦夫

所有的罪犯其實都是模仿英雄行為的膽小鬼，而他們虛構出所要完成的「英雄目標」，說穿了就是要掩飾自己是一個懦夫的事實，因此，這些自以為用追求「優越感」來掩飾內心懦弱掩飾的天衣無縫的罪犯，一旦知道我們知道他們是懦夫，會驚覺自己的秘密被我們一眼看穿。

阿德勒沒有告訴你的事

## 只要練習「不要臉」就不必擔心別人異樣眼光

有句話說：「一個人拼命追求的東西，往往就是自己缺乏的東西。」因此，凡是竭盡所能追求「優越感」的人，大多是嚴重缺乏「優越感」的自卑之人，因此，這些人才會拼命做一些可以展現「優越感」的事情來掩飾心中的自卑感，但是如果這些人懂得練習「不要臉」，讓自己的臉皮厚到可以在臉上寫上「自卑」二字都不會擔心別人的異樣眼光，那麼也就不用去做出模仿「英雄」的行為來掩飾自己的自卑了。

輯 5

# 關於成敗的「小壞智慧」

一輩子沒成功過，不代表就是「魯蛇」

有些一輩子都沒成功過的人，並不代表就是一個魯蛇，因為他只是一個把分內事做好，想平平凡凡過一生的人，或許有些人認為這種消極的處事態度跟失敗有什麼不同？而我認為這兩者最大的不同就是面對成功的態度，因為沒有成功過的人認為人生只要過著快樂就好，不一定要成功，但是失敗的人卻為了「脫魯」因而不擇手段來讓自己獲得成功。

39

# 目標的難易
# 並無法激發出我們的潛力

## 阿德勒 talk 39

一個人的目標只要一經確定，為了適應這個目標，他的潛能就會受到削減和限制，但無論是在何種情況下，整體目標總會在這些限制之中，找到一條途徑，以表達他賦予生命的意義和爭取優越感的最終理想。因此，我們對於一個人，必須看到他表面以下的東西。

阿德勒想跟你說

## 潛能的激發跟目標的難易度成正比

一個人的潛能往往會因為要適應自己所訂的目標而有所增減，目標難度如果比較難一點，就會激發出比較多的潛能，但如果目標難度比較簡單一點，當然也就會限制自己潛能的發揮，而這就像將跳蚤關在玻璃罐裡面，然後蓋上蓋子，牠最後所跳躍的高度就只會到蓋子的距離一樣……

阿德勒沒有告訴你的事

## 潛能的激發跟達成目標的決心有直接關係

潛能的激發跟目標的難易度，其實沒有太大的關係，而是跟想要達成目標的決心有直接關係，如果想達成目標的決心越大，就會激發出越多的潛能，但如果沒有達成目標的企圖心，當然也就不會因此激發出以前沒有激發出的潛能，而這也就是為何逃出火場的人，可以具備從高樓一躍而下的勇氣，或是擁有可以從火場扛出一台冰箱的力氣。

40

# 只要把事情做好做滿 即便失敗也算成功

## 阿德勒 talk 40

當一個人努力的目標在某一方面受到阻礙時，越健康、越正常的人，就越能為自己受到阻礙的目標找到更多新的途徑，只有神經疾病的患者才會盯著設定的目標說：「我必須達到這個目標，要不然我就會一無所有。」

阿德勒想跟你說

## 通往成功的道路不是只有一條

一個正常的人在某方面努力受挫，往往會越挫越勇，一旦發現原本設定的路走不通，會另外找其他路，而且會在找尋其他路的過程中，發現更多可以到達目標的途徑，只有那些認為通往成功的路只有一條的人，才會整天盯著自己設定的目標不放。

阿德勒沒有告訴你的事

## 「從一而終」是通往成功的唯一道路

雖然通往成功的道路不只一條，不要只會緊盯著所設定的目標，但是，一旦發現此路不通，立即另闢蹊徑的作法，也不能保證一定可以成功，因為，真正在各個領域獲得成功的人，譬如比爾蓋茲、賈伯斯、馬雲、李嘉誠……等等這些成功人物，都是在一開始設定的目標「從一而終」努力幾十年的人……因此，不論做任何事，只要把事情做好做滿，即便失敗也算成功。

41

# 想超越別人
# 只是擔心被別人超越

## 阿德勒 talk 41

每個人童年在家庭中的地位會對他長大之後的生活留下難以磨滅的痕跡，因為每個人童年在心底留下深刻的印象，從來沒有消失過，譬如總想征服別人、超越別人，把成為「征服者」當做自己的目標，都是那些童年時期在家中沒有受到平等對待的人會做出的反應。

阿德勒想跟你說

## 每個人都想征服別人、超越別人

其實，每個人內心都潛藏著「超越別人」的潛意識，而這種「潛意識」，源自於兒童時期在家中，或是在學校所面對的競爭反應，但我卻認為這種想超越別人的「潛意識」可以追溯到每個人的「精子時期」，也就是當我們還是「精子」的時候，一心只想超越其他「精子」，以讓自己可以順利地跟孕育我們成人的「卵子」結合。

阿德勒沒有告訴你的事

## 如果沒有競爭就不會有超越別人的動力

每個人想超越別人和征服別人的原因，源自於我們擔心被別人超越和征服，如果把一個人擺在沒有競爭威脅的環境裡，想要征服別人和超越別人的慾望就比較不會被激發出來。換句話說，一個遙遙領先對手的馬拉松選手，由於缺乏擔心被別人超越的動力，通常比較不可能會跑出刷新紀錄的好成績。

# 一輩子沒成功過 不代表就是「魯蛇」

## 阿德勒 talk 42

有些人從來沒有品嘗過真正的失敗感，因為，他未曾真正面對過考驗，他總是避開問題，總是跟別人說輸贏不重要，每個人都相信，如果他勇敢面對，必定能夠克服困難，但他總是自我催眠地告訴自己：「我只是不想跟別人爭高低，如果我肯做，什麼事都能成功。」因此，面對失敗，他把失敗化小了，為了維護自尊，他往往會認為「我並不是沒有能力，只是不想去做。」但有些把失敗當成「宿命」的人，往往在不能夠超越別人時，就自以為已經失敗，這種人即使成功了，但只要看到有人比他做得更好，還是會認為自己是個失敗者。

阿德勒想跟你說

## 沒有失敗過，不代表成功

由於從來沒失敗過的人，只是因為不想去面對必須面對的難題，因此，在一味地逃避極有可能讓自己失敗問題的情況下，當然也就可以保持「不敗」的人生戰績，但問題是這種「不敗」卻比「失敗」還要失敗，所以從來沒有「失敗」過的人，不代表就是一個「成功」的人。

阿德勒沒有告訴你的事

## 沒有成功過，也不代表失敗

其實，有些一輩子都沒成功過的人，並不代表他就是一個魯蛇，因為他只是一個把自己分內事做好，沒有太大的企圖心，只想平平凡凡過一生的人，或許，有些人認為這種消極的處事態度跟失敗有什麼不同？而我卻認為沒有成功過的人跟失敗的人最大的不同就是面對成功的態度，因為，沒有成功過的人認為人生只要過著快樂就好，不一定要成功，但是失敗的人卻為了「脫魯」不擇手段來讓自己獲得成功。

43

# 想讓未來過得精采 才會在乎不切實際的期待

阿德勒 talk 43

盡管我們無法預知未來，但沒有人會對這件事感到憂心，因為生命的樂趣就是面對未來的不確定，如果每一件事都能預料的到，每一件事都能提前知道，明天不會發生任何意料之外的事，未來就沒有什麼值得期待的……

阿德勒想跟你說

## 提早知道答案，人生就沒有「期望」

我們都希望可以提早知道明天會發生什麼事，都希望可以事先知道所有事情的答案，但是當有一天，我們上臺領獎之前就知道自己會得獎，那麼在上臺領獎的瞬間，就會缺少那種猶如「樂透中獎」的驚奇樂趣……

阿德勒沒有告訴你的事

## 「期望」只是一種暫時麻痺自己的「安慰劑」

「期望」這種東西，其實是一種「心靈瑪啡」，也就是當我們想讓未來人生過著比現在精彩，往往會在第一時間，在內心對自己開出「期望明天會比昨天好」、「期望明年會比今年好」、「期望自己的未來會比現在更好」……等等一些不切實際的期待，而且，當我們在開完這些「期望」的「支票」之後，往往都會刻意忘記為這些「期望支票」押上「兌現日期」……

# 「放大」別人的「小成就」只是拐著彎叫他加油

## 阿德勒 talk 44

懶孩子實際上是靠著大人們的「期望」過日子，因為，懶孩子有一種優勢，只要他做了一點小事，就會受到大肆表揚，因為，大人們都把他做出來的那一點小事，當成他人生非常重要的轉折，因此想打鐵趁熱地鼓勵他繼續保持下去，但是同一件事情，如果是勤勞孩子所做，大人們甚至還對此毫不留意。

阿德勒想跟你說

## 不要去讚美不應該讚美的人

我們很容易讚美一些平常不做事的人，而讚美的原因，只因為這些人做了一點他原本就應該做的事，但我們卻對一些平常腳踏實地做事的人不聞不問，總覺得他們只是做了自己應該做的事，這是我們使用「讚美」的盲點，而這種「盲點」會讓那些努力做事的人失去繼續努力的動力。

阿德勒沒有告訴你的事

## 讚美不應該讚美的人，只是一種「小壞智慧」

有時候，我們會因為一點「小事」去讚美那些平常不做事的人，主要是為了激起那些人的做事動力，而這是領導統御經常使用的一種「小壞智慧」，也就是透過刻意「放大」這些表現平平的人的「小成就」來讓他們在「受寵若驚」的情況下，努力地讓自己成為別人口中讚美的那個「自己」……

45

# 工作太忙往往是失婚者經常使用的藉口

## 阿德勒 talk 45

我們發現婚姻失敗者經常以工作當做逃避的藉口，殊不見有些人為了逃避婚姻的困擾，很可能把工作當成他的「擋箭牌」，他們或許會這樣想：「我工作太忙，沒有心力顧及婚姻，所以婚姻失敗並不是我的責任。」這些人就是常見的「工作狂」，另外，某些神經症患者，拒絕異性，對別人失去興趣，耽溺於工作，為了逃避社會和婚姻兩大問題，往往不分日夜沉溺在工作中，把自己折磨得疲憊不堪，還樂此不疲。

阿德勒想跟你說

## 婚姻失敗者常用工作來逃避婚姻經營的問題

很多婚姻失敗者經常會用工作太忙，沒有心力顧及婚姻，所以婚姻失敗並不是自己的責任來做為逃避婚姻失敗的藉口，但問題是把工作用來當成婚姻失敗的「擋箭牌」，並不能因此獲得別人的諒解，因為，沒有人會重用一個因為工作而犧牲婚姻的人，而且，這些用工作逃避婚姻經營的人，為了逃避婚姻失敗這件事，整天沉溺於工作之中，終究有一天會讓自己在工作之中「滅頂」。

阿德勒沒有告訴你的事

## 婚姻出問題的人都不願意承認自己是婚姻失敗者

把工作用來當成婚姻失敗「擋箭牌」的人，其實真正的問題並不是出在工作太忙，所以沒有心力去顧及婚姻，而是出在婚姻經營出了問題，而為了逃避出了問題的婚姻，才會讓自己不分日夜一頭栽進工作之中……因為，如此一來，至少可以跟別人說自己的婚姻會失敗，都是工作太忙的原因所導致。

46

# 不做任何努力
# 真的比較容易獲得鼓勵

## 阿德勒 talk 46

有些老師為了鼓勵班上的懶學生，經常會對這些懶學生說：「如果你再努力些，就是班上最聰明的學生。」而這種「鼓勵」往往會得到反效果，因為這些懶學生什麼事都不做就可以得到這樣的讚賞，那他為何還要透過認真學習，以證明自己是班上最好的學生呢？更何況，如果他真的不懶了，老師也就不會再認為他只是沒把才華顯露出來，那麼他何必還要努力用功呢？

阿德勒想跟你說

## 不努力的人，反而可以獲得讚美

有些人什麼努力都不用做，就可以輕地獲得那些認真努力的人，無法獲得的讚美，我們經常可以看到有些人為了鼓勵那些做事漫不經心的人，往往會跟他們說，如果做事稍微專注一點，他們的成就絕對會超過某某人……因此，這些不認真努力，做事不專注的人，才會繼續擺爛，因為他們深知一旦自己認真努力之後，就再也無法獲得這種「成就可以超越某某人」的讚美……

阿德勒沒有告訴你的事

## 用鼓勵來讓對方知道自己不足的地方

通常，對別人的「鼓勵」可以成為這個人前進的動力，但也可以成為這個人前進的阻力，因為有些有自知之明的人會因為你的「鼓勵」，知道自己並沒有你講得那麼好，因而督促自己更加努力，但有些自以為是的人，則會以為自己真的有你講得那麼好，因而得意忘形，不知道去充實自己不足的地方。

47

# 不將時間花在沒有結果的事是一種務實的「消極力」

## 阿德勒 talk 47

一旦害怕「未來」的孩子，對「未來」充滿悲觀情緒，就會竭盡所能，以最不需花費力氣的方式去面對未來，他們越是受到命令、鼓勵和批評，越會感到自己已經身臨絕境，他們一旦陷入極度悲觀、恐懼的泥淖，也就無法期待他們會付出多大的努力。換句話說，我們越是想把他們往前面推，他們越是盡力往後面退，除非他們能受到激勵，否則，他們的所有努力只會讓自己感到更深的傷害。

阿德勒想跟你說

## 對未來充滿悲觀的人，會放棄對未來的一切努力

其實，每個對未來充滿悲觀情緒的人，都會竭盡所能，以最不需花費力氣的方式來消極地面對未來所有的一切，因為，這些人認為既然不論如何努力都無法讓未來變得更好，又何必白費力氣去做一件已經知道不會有任何結果的事呢？

阿德勒沒有告訴你的事

## 消極面對未來的人，只是不想做明知沒有結果的事

對未來充滿悲觀情緒的人，之所以會竭盡所能，以最不需花費力氣的方式來消極面對未來所有的一切，可能只是不想將時間和精力花在明知沒有結果的事情上面，而這在某種角度來看，其實是一種務實的表現，但是看在信奉「明知不可為而為之」信念的人的眼中，卻是一種消極的表現，不過話又說回來，「明知不可為而為之」也沒有多偉大，說穿了也只是一種為了面對而面對的盲目行為。

48

# 「關注」是成功的動力 但也是一種沉重的壓力

## 阿德勒 talk 48

有的小孩只有在受到讚美和欣賞時才做事，譬如許多受寵的小孩一旦受到老師的肯定和關注，就會把功課做得很好，相對地，如果他們無法受到別人的重視，就會出現怠惰，換句話說，沒有觀眾，他們就提不起勁去做自己應該做的事，他們會對沒有人觀看的事情失去興趣。

阿德勒想跟你說

## 沒有別人的「關注」，就會提不起勁去做

有些人往往只有在別人的關注之下，才會把自己應該做的事情做好，也就是所做的事情如果沒有受到別人的關注，就會提不起勁去做，甚至連做都不想去做，而會有這種行為的人，在小時候往往是一個做任何事都必須要看到「獎品」，才會用心認真去做的「受寵的小孩」。

阿德勒沒有告訴你的事

## 我們做任何事，本來就是為了獲得「關注」

每個人做任何事本來就是為了獲得別人的「關注」而做，換句話說，別人的「關注」才是自己做事情的動力，而這也就是這幾年臉書會快速度成為社群網站龍頭的原因之一，因為臉書就是抓住每個人都需要別人「關注」的這點，因而成為每個人每天不可獲缺的「人生加油站」。

但話又說回來，「關注」雖然是一種激發自己向前的動力，但也是一種沉重的壓力，因為我們為了不辜負別人對自己的關注，往往會在患得患失的情況之下，無法大膽放手去做。

輯 6

# 關於自己的「小壞智慧」

為了自己的利益，才是出手幫助別人的最大動力

我們對別人利益的所有考慮都是建立在自己利益的前提上……如果做出對別人有利的那些事情對自己一點好處都沒有，不論做出那些對別人有利的事情會讓自己有多少「優越感」，應該也不會有人會主動去做……

49

# 「了解自己」不難<br>難的是從來不想去了解

## 阿德勒 talk 49

「個體心理學」也許是所有心理學當中，最難以學習和運用的，在「個體心理學」當中，我們必須傾聽所有事情的來龍去脈，並且，以一種懷疑的態度，弄清所有的關鍵點，我們必須從這個人如何微笑、如何與人打招呼和握手、如何走路……等等這些大量的細微信號中得到啟示。

阿德勒想跟你說

## 了解一個人不是一件簡單的事

了解一個人並不是一件容易的事，因為我們必須傾聽這個人所有的言行，以及仔細去觀察這個人的所有動作，然後，再用一種懷疑的假設態度，去釐清所有可以了解這個人的關鍵點……如果你無法做到以上所述，就不要大言不慚地說自己對別人已經了解的非常透徹。

阿德勒沒有告訴你的事

## 想要了解一個人也不是一件困難的事

只要可以先了解自己，然後，再從了解自己的基礎上去了解別人，那麼想要了解一個人應該不是一件困難的事……但是或許有人會問說，不是有很多心靈勵志的書都告訴我們：「世界上最難了解的人是自己。」因此，先了解自己，再去了解別人怎會是一件簡單的事？然而，會說自己是世上最難了解的人，主要是不敢去面對自己，其實「了解自己」並不困難，困難的是你從來不想踏出「了解自己」的第一步，只要我們敢去面對和了解沒有那麼好的自己，那麼想要「了解自己」，其實一點都不困難。

50

# 為了自己的利益<br>才是出手幫助別人的最大動力

## 阿德勒 talk 50

正是對「優越感」的追求給了每個人前進的動力，成為我們對社會做出一切貢獻的源泉……然而，從失敗走向成功的努力打拼過程中，只有那些表現出考慮到別人的利益，以及採取對別人有利舉動的人，才能夠真正掌握生活中的種種問題。

阿德勒想跟你說

## 為了追求「優越感」，我們會竭盡所能來幫助別人

我們之所以會表現出考慮別人利益和採取對別人的有利措施，說穿了都是為了追求比別人高出一等的「優越感」，然而，也就是這種對「優越感」的追求，才給了我們貢獻自己所能來幫助別人的動力。

阿德勒沒有告訴你的事

## 所有考慮別人的利益都是建立在自己利益的前提上

我們會設身處地為別人著想，或主動對別人伸出援手，其實都是建立在自己利益的前提上面，因為如果做出對別人有利的那些「利他」事情對自己一點好處都沒有的話，不論那些「利他」的事情會讓自己有多少「優越感」，應該也不會有人會主動去做，雖然這種說法很現實，但卻是一種不得不面對的事實，也是一種想在這個人性社會生存下去必須具備的「小壞智慧」。

51

# 控制你的不是「淚水」而是自己太想當「好人」

## 阿德勒 talk 51

如果一個小孩發現「眼淚」是可以達到目標的最佳途徑，他就會變成一個愛哭的娃娃，長大成人後，更會直接變成憂鬱的人。我們把「淚水」稱做「水的力量」，而這種「水力」是中斷別人控制自己，並改由自己控制別人的最有效武器。

阿德勒想跟你說

## 「淚水」是控制別人的無形武器

很多人遇到無法跟別人溝通的問題，就會用「淚水」來解決，進而把問題的主導權搶回自己的手上，而這種用「淚水」來控制別人的方法，其實是源自於嬰兒時期的我們，因為無法用言語來表達，因此，只好用「嚎啕大哭」來讓父母幫自己完成自己想做的事。

阿德勒沒有告訴你的事

## 我們想當「好人」，才會被「淚水」控制

「淚水」可以具備控制我們的力量，其實都是我們的「慈悲心」在作祟，因為我們都不想被別人說成是一個沒血沒淚的冷血動物，以及都想當一個有「同理心」，處處為別人設想的「好人」，因此，才會隨著別人的「淚水」而改變自己的決定。

52

# 不要以為對別人好 就能改善自己跟別人的關係

阿德勒 talk 52

如果縱容一個慣於受寵的人，有可能會得到他的好感，但他潛伏的控制慾會更加明顯，如果有一天，不小心輕視他、忽略他，很可能造成他的敵對情緒，甚至成為他讓我們難堪的藉口。

阿德勒想跟你說

## 「縱容」會成為別人控制你的工具

如果想用「縱容」來改善跟別人的關係，可能會事與願違，因為，縱容一個人，雖然可能暫時可以得到這個人對你的好感，但是你對他的「縱容」，卻會在無形中成為他控制你必須「重視」他的工具，一旦你不再縱容他，他就會認為你輕視他、忽略他，因而開始埋怨你，到最後好像你不重視他和縱容他就是你欠他的一樣……甚至因此跟你產生敵對關係。

阿德勒沒有告訴你的事

## 別人會將你的「縱容」當成理所當然

我們之所以會縱容一個人，其原因不外乎有三個，第一、我們對這個人有所期待，希望這個人可以朝著自己期待的方向發展，第二、我們對這個人有所求，想從這個人的身上得到一些好處；第三、我們有什麼無法見光的把柄被這個人握在手上，才會對這個人所有脫序的行為睜隻眼閉隻眼……但是不論縱容一個人的原因是什麼？這個被我們縱容的人，最終會將我們對他的縱容當成理所當然，甚至當做我們應該對他做的事……因此，不要以為對別人好，就可以改善跟別人的關係喔！

53

# 「未雨綢繆」就是讓自己活在虛構的危險之中

## 阿德勒 talk 53

在困難的面前，我們的心靈更專注於對自己的保護和對失敗的虛擬恐懼，而不是努力去克服……這一點很容易理解，它就如同我們都會警告小孩「不要去摸剪刀」、「不要玩火」……而我們的小孩總是被這些「不要」嚇壞了，因為他們處於我們虛構危險的包圍之中……

阿德勒想跟你說

## 對當下所面臨的危險，經常視而不見

我們經常會將重點擺在自己會面臨那些未來可能發生的困難，而不是將重點擺在如何克服當下所面臨的立即困難，因為，我們都喜歡「未雨綢繆」，都喜歡去虛構一些不一定會在未來發生的危險，但對當下所面臨的危險，卻經常視而不見，這也就是米歇爾．渥克所提出的「灰犀牛理論」——我們經常會將顯而易見的既存威脅，當成空氣，舉凡金融危機、氣候變遷、個人生活上的小問題（譬如牙痛）……等等這些可能在最後帶來嚴重後果或影響的問題，都選擇視而不見。

阿德勒沒有告訴你的事

## 「視而不見」是因為不想立刻面對不想面對的問題

我們對當下所面臨的問題，不僅會「未雨綢繆」，而且，還會經常「視而不見」，因為我們認為那些被自己「視而不見」的問題，還沒嚴重到必須馬上處理，以至於經常會錯失解決這些問題的「黃金時間」，另外，我們不想立即解決當下所發生的問題，通常是這些問題都是自己不想去面對的問題，因此，才會非到必要解決的時候，絕對不會主動去解決。

54

# 不知道在做什麼的人 比誰都清楚自己在做什麼

阿德勒 talk 54

幾乎每個犯人都會說：「我都不知道自己究竟在幹什麼？」來替自己犯下的罪行做辯解。有些罪犯經常會把自己灌醉以後才能犯案，而這種用酒精麻醉良知的行為，在在都透露出他們在做出犯罪決定之前，也是經過一番痛苦的掙扎。

阿德勒想跟你說

## 所有人在犯錯之前，其實都經過一番痛苦的掙扎

其實，每個犯錯的人，為了幫自己所犯的錯誤辯解，幾乎都會說：「我真的不知道自己究竟在幹什麼？」然而，犯錯的人會說這句話，並非真的不知道自己幹了那些勾當，而是他們不想承認，或是不知道自己為何會做出那些錯誤的行為……而所有犯錯的人在犯下錯誤之前，其實在內心都經過一番痛苦的掙扎，畢竟沒有人天生下來就喜歡犯錯的……

阿德勒沒有告訴你的事

## 如果動機是「情有可原」，就不需痛苦掙扎做決定

所有犯錯的人，在做出錯事之前，在內心都經過一番痛苦掙扎……的言論，其實是那些犯錯的人，為自己的錯誤行為合理化的說詞，因為，他們為何要「痛苦掙扎」去做出犯錯的決定，並不是重點，重點是為何要做出那件錯誤行為的動機……如果動機是正確的，或是「情有可原」，那麼即便是「錯誤行為」也不需在痛苦掙扎之後，才能做出決定……

55

# 每個人都有一套
# 有利自己的語言邏輯

## 阿德勒 talk 55

只要我們對語言有著共同解釋，就可以輕易地讓別人理解自己所說的話，但是罪犯使用的語言卻和正常人完全不同，從他們對自己罪行辯解的方式可以得知，他們並不愚笨，而且有自己的邏輯，自己的才智，一旦我們認同了他們為得到優越地位而虛構的個人目標，就會在無形中接受他們很多似是而非的言論…

阿德勒想跟你說

## 犯錯的人都有一套為自己辯解的邏輯語言

每個人都希望自己所說的話能夠被別人理解，因此，都會盡量使用和別人共同的邏輯語言，但是，有些犯錯的人為了為所犯的錯誤辯解，有一套自己的邏輯語言，而這套邏輯語言看在一般人的眼裡，就是所謂的「強詞奪理」，一旦有人認同他們「強詞奪理」的語言，就會誤以為他們所做的錯事都是在不得已的情況下做出來的。

阿德勒沒有告訴你的事

## 每個人都有「利己」和「利他」兩套語言

其實，每個人都有自己的一套邏輯語言，而這套邏輯語言都是以自己利益為前提，所發展出來的，只不過一般人為了讓別人理解自己的語言，會巧妙地用「利他」的語言包裝起來，但是，一旦在為了辯解自己錯誤行為的情況下，往往會將「利己」的語言從「利他」語言之中取出來，讓它成為自己的主流語言……

56

# 你幫別人 還不都只是為了幫未來的自己

## 阿德勒 talk 56

只有真正關心別人，才能獲得成功，我們必須站在別人的立場，設身處地的觀察和傾聽，同時必須找出別人的態度和困難，當然對方也必須竭盡所能，以實現我們共同的認知。

阿德勒想跟你說

## 懂得為別人著想，別人就會為你著想

如果想要獲得成功，就必須站在別人的立場，設身處地為別人著想，而且，要細心地觀察和傾聽來找出別人的困難所在，並且傾盡全力去幫助別人解決困難，因為你在別人失敗潦倒的時候，向他伸出援手，當你需要幫忙的時候，他也會伸出援手來幫你。

阿德勒沒有告訴你的事

## 不是每個人都懂得知恩圖報

其實，在這個社會懂得知恩圖報的人越來越少，因為這些不懂得「知恩圖報」的人認為你今天會幫他，說穿了還不就是為了自己的利益著想，如果你伸出援手幫他，對你一點利益都沒有，你根本不可能會出手幫他，換言之，你表面上是在幫他，但實際上卻是在幫自己，因此，他為何還要對你有所回報呢？

57

# 人有時候會閉著眼睛相信自己的謊言

阿德勒 talk 57

人有時候會相信自己的謊言，但身體機能卻會讓實情顯露無遺。因此，有些夫妻說，其實他們興趣尚在，只是肉體的吸引力已然消失罷了，然而，這絕非事實，因為，對許多方面都相互吸引的夫妻來說，性的吸引力是永遠存在的…

阿德勒想跟你說

## 身體機能的自然反應是騙不了人的

一個人的身體語言經常會讓極力想要隱藏的事實攤在別人的面前，而這就是有些人經常說的「嘴巴所說的謊話，會立刻被自己的眼神和臉部表情拆穿和打臉。」，因為我們可以控制嘴巴要講什麼話，但卻無法控制因為心虛所引起的身體機能自然反應。

阿德勒沒有告訴你的事

## 身體機能的自然反應，有時候還是可以騙人

其實，心虛所引起的身體機能自然反應，有時候也可以造假，因為有些騙徒就是了解人們相信身體機能自然反應是騙不了人的心理，因此，為了達到詐騙的目的，就故意在某件想要取信別人的事情上面，故意先講出「真話」，然後再刻意露出「心虛」的表情，如此一來，就會讓對方以為他所講的「真話」是「假話」，進而把他接下來所講的「假話」當成「真話」。

58

# 惹是生非
# 只是為了凸顯自己使壞的優越感

阿德勒 talk 58

其實，她並不是真的喜歡偷東西，也不是真的想跟男孩鬼混，而只是想以此讓媽媽知道她根本管不住她，她這樣做的目的無非是為了證明自己比母親更強……因為，她覺得自己比母親軟弱，甚至覺得母親討厭她，因而產生了自卑情結，這時候，她能夠想出唯一可以肯定自己「優越感」的方法，就是「惹是生非」。

阿德勒想跟你說

## 惹是生非的小孩，都是為了證明父母管不住自己

小孩為了證明自己比父母強，就會做出讓父母傷腦筋的事，來凸顯父母親根本管不住自己的事實，而其真正的原因是這些小孩認為自己比父母親軟弱，因此，為了掩飾自己的自卑感，才會到處「惹是生非」，讓父母為自己疲於奔命。

阿德勒沒有告訴你的事

## 小孩惹是生非，也可能只是想證明父母的管教錯誤

其實，小孩會到處惹是生非也有可能只是為了證明父母管教的方式錯誤，因此，才會四處惹出麻煩來讓父母處理，因為他們想用讓父母「頭痛」的方法來告訴父母，他們管不住自己的原因，並不是因為自己叛逆，而是他們用錯方法。

但是有些父母卻不想承認自己的管教錯誤，而是把小孩叛逆和惹是生非的原因，全部怪罪在小孩身上。

輯7

# 關於人生的「小壞智慧」

「人生沒有絕對」只是為了幫自己找「下台階」

「人生沒有絕對」這種說法只是讓每個想要堅持己見的人，找到一個很好的「下台階」，因為，每當有人挑戰他們的「看法」時，這些人就會搬出「任何事情都是見仁見智，沒有絕對，也沒有絕錯」的這套說法來為自己的「成見」開脫……

59

# 人生本來就是「是非題」是你把它變成「選擇題」

阿德勒 talk 59

這個世界除了對和錯這兩個答案之外，還有其他答案，可是有些人偏喜歡將自己逼進死胡同，譬如有位準備執行絞刑的犯人說：「我只有兩條路可走，不是得到拯救，就是走向滅亡。」也就是他們和小孩一樣，要就是一切，不然就什麼都不是，他們永遠在「餓死或絞死」、「拯救或滅亡」兩個極端之間擺盪和選擇。

## 阿德勒想跟你說

# 人生問題是「選擇題」而不是「是非題」

這個世界除了對和錯這兩個答案之外，還有其他答案，但是有些人卻經常會像準備執行絞刑的犯人一樣，認為自己只有「不是得到拯救，就是走向滅亡。」這兩條路可走，其實，這是很多人遇到難解問題時都會有的盲點，經常會將自己所遇到問題，用「是非題」的方式來做答，而不懂得用「選擇題」來解答自己所遇到的人生難題。

## 阿德勒沒有告訴你的事

# 「非對即錯」的「是非題」可以讓自己沒有「藉口」

有些把自己逼進「死胡同」的人，並不是真的不知道自己正朝著「死胡同」前進，而是想讓自己「置之於死地而後生」，因為一個人只有到了「退無可退」的地步，才能將自己的潛能發揮到極致，因此，有時候，面臨難以抉擇的問題，用「非對即錯」的「是非題」來做答又未嘗不可，這至少可以「當機立斷」，不必去面對眾多選項的「選擇題」，而在問題面前猶豫不決……

# 人生不一定要有困難和阻礙才叫做精采

阿德勒 talk 60

假如有某個人達到沒有任何困難的境界，也就是對每件事都已經心裡有數，對每個問題都了解得清清楚楚，那麼我們可以想像在這種沒有困難和困惑之中生活的人，必定感到索然無味…

阿德勒想跟你說

## 沒有挫折的人生，不叫做人生

「人生無常才是正常，生活中遇到困難和挫折，才叫做人生。否則，人生就會像『白開水』一樣平淡無味……」以上這段話的意思，當然就是要跟我們說遇到困難和挫折是人生常態，重點是必須勇敢去面對，不要只會一味地逃避，如此才能打造自己的非凡人生。

阿德勒沒有告訴你的事

## 非凡的人生，不一定要用「挫折」來打造

當人生處處充滿阻礙和挫折，反而寧願讓自己過著「索然無味」的生活……因為，有時候「索然無味」的平淡生活，會過著比較自在、比較快樂，因此，生活想過著有「味道」，不一定要用「挫折」萊打造，想擁有一個出色人生，也不一定要用「困難」來調色，想讓人生過著精采，更不一定要讓人生充滿困難和阻礙。

61

# 「轉捩點」可以改變人生方向 卻不能決定你的人生

## 阿德勒 talk 61

有些人都會把人生過程中的每個成長階段，當成人生的轉捩點，譬如，大多數人會認為青春期是一個重要的成長階段，到了更年期，也這樣認為…實際上，在這些成長階段出現的各種現象並沒有什麼特殊的重要性，或給人帶來劇烈變化，只不過是生命的延續罷了，真正重要的是在人生的某個階段，你賦予了什麼意義，以及採取什麼態度去面對。

阿德勒想跟你說

## 不論是人生那個階段，都只是人生的過程

不論是「青春期」還是「更年期」，很多人都會說那是自己人生的轉捩點，但是阿德勒告訴我們不論是人生那個階段，都只是人生的過程，重點應該是在這些階段到底學到什麼？以及所學到的東西對爾後的人生有什麼幫助，才是必須去思考的事情……因為「轉捩點」或許可以改變人生方向，但卻無法決定我們以後要過什麼人生。

阿德勒沒有告訴你的事

## 不能只重視那些對自己有用的東西

我們在每個階段所學到的東西，不一定都是對自己有用的東西，因此，不能只重視那些「有用的東西」，而忽視對自己「沒用的東西」，因為在某個階段對自己「沒用的東西」，還是有可能成為改變或影響其他階段的關鍵因素。

換句話說，我們不能以目前的需求，來決定哪些東西對自己「有用」？哪些東西對自己「沒用」？

62

# 人生很公平
# 是我們自己讓人生變得不公平

## 阿德勒 talk 62

不同的人詮釋生命的意義可能就會有天壤之別，譬如面對相同的艱難處境，有人會思考：「我應該盡力改變目前的困境，讓我的孩子能在更好的條件下成長。」但有人卻會認為：「這個世界對我太不公平了！放任別人處處占我便宜，那憑什麼要我善待這個世界？」

阿德勒想跟你說

## 讓人生變得不公平的那個人是自己

不同的人詮釋所處艱難環境，往往會有天壤之別，有些人會盡力改變自己所處的艱難處境，而且，將「艱難」當成督促自己向前邁進的動力，但有些身處艱難環境的人，卻不知道改變，只會一味地抱怨這個世界對自己不公平。

阿德勒沒有告訴你的事

## 就算正面詮釋生命意義，人生還是不公平

那些盡力改變艱難處境的人，一開始也都曾經抱怨世界對自己不公平，只不過後來苦盡甘來之後，才逐漸釋懷……因此，嚴格講起來，就算改變面對艱難處境的態度，也改變不了人生不公平這個事實。

其實，每個人打從出生的那個瞬間，都是平等的，但隨著每個人在成長過程中，因為個人努力與否，逐漸拉出勝負的差距，因此，屬於「失敗組」的人看著「勝利組」的人住豪宅，開進口車，就會開始抱怨起「人生不公平」，但這些一遇到不如意就只知道抱怨的人，是否曾經想過讓人生變得不公平的人不是別人，而是自己。

63

# 過去的經驗
# 往往會搞砸現在的問題

## 阿德勒 talk 63

在日常生活中，經常看到有人透過記憶來穩定情緒，譬如一個人如果遭遇困難，他會想起以前處理事情的方法，從而形成有助於他處理困難的態度；如果一個人對前途充滿信心和勇氣，他會想起那些令人愉快的事，因而使他更加樂觀。同樣地，如果一個人遭遇了挫折，覺得沮喪，他也會想起以前所遇過類似的挫折經歷來平復自己的負面情緒。

阿德勒想跟你說

## 依據過去的經驗，來處理現在遇到的問題

人生其實是一段不斷重覆過去種種的過程，因此，我們都會透過以往的經驗，來處理現在所遇到的問題，也就是在遇到挫折的時候，立刻會從大腦的記憶資料庫裡面搜尋過去遇過類似的挫折，如何面對處理的經驗，如果遇到無法解決的難題，也會從大腦的檔案夾裡面，找出以前解決類似難題的檔案。

阿德勒沒有告訴你的事

## 過去的經驗，不一定可以解決現在的問題

雖然透過過去的經驗，可以讓自己在最短的時間解決現在所遇到的問題，但是過去的經驗法則，不一定都可以用來解決現在所遭遇的困難，因為有可能時空環境的改變，也有可能是個人的身分和經濟條件的改變，因此，以前可以用來解決問題的方法，由於以上主客觀環境的改變，不僅會無法用來解決現在所遇到的問題，反而還會讓問題越解決越無法收拾……

# 「不確定」是人生的「驚嘆號」還是「問號」

阿德勒 talk 64

生命的樂趣就在於面對未來的不確定，如果我們對每件事都已經確定，對每件事都了解得清清楚楚，那麼人生就沒有什麼驚喜可言了；其實，人生的精采就精采在生活中的挑戰是永無止境的。

阿德勒想跟你說

## 就是因為「不確定」，人生才會永遠有驚喜

人生之所以精彩的原因，主要是每天都有出乎意料之外的事情發生，如果每天發生在生活中的事情，都在事先知道答案，那麼就會缺乏答案揭曉之前的「期待感」和答案揭曉之後的「驚喜感」……因此，人生就是因為充滿了很多的「不確定」，我們每天早上才會有從床上起床的「動力」……

阿德勒沒有告訴你的事

## 「不確定」的因素，其實是壓力的來源

雖然，生活之中充滿「不確定感」，才能讓人生充滿「期待感」和「驚喜感」，但卻也讓我們因為這些「不確定」的「未知」因素而充滿壓力，譬如我們不確定自己所做的企劃案會不會被主管採納……不確定明天的客戶會不會跟自己簽約……譬如我們不確定自己所申請的學校會不會錄取……所交的博士論文，會不會過關……而以上這些「不確定」在揭曉答案之前，我們的內心其實是充滿萬一「事與願違」的龐大壓力。

65

# 經歷過磨難的人 不一定會思考生命的意義

## 阿德勒 talk 65

在我們所生活的年代，經常會有年輕人，甚至是老年人如此自問：「為什麼活著？生命的意義又是什麼？」當然，只有那些走過困境的人，才會提出這樣的問題，如果沒有經歷過磨難，一切平平安安，就不會想起這些……因此，如果我們問周遭的人：「生命的意義是什麼？」大部分的人很可能無言以對，因為他們從來就沒有去考慮這個問題，或努力尋求它的答案。

阿德勒想跟你說

## 只有經歷過磨難的人，才會問自己為什麼活著？

只有那些走過困境的人，才會提出「人為什麼活著？生命的意義又是什麼？」如果一切都平平安安，沒有經歷過任何磨難的人，根本就不會想起「自己為何會到人間走一遭」這個必須嚴肅面對的人生問題。

阿德勒沒有告訴你的事

## 沒有經歷過磨難的人，同樣會思考生命意義

一切平平安安，沒有經歷過磨難的人，不一定不會思考生命的意義，而是跟那些經歷過磨難的人同樣都會思考為何來到這個世界？只不過經歷過磨難的人思考的問題是「人為什麼活著？」，而沒有經歷過磨難的人思考的問題是「人為了什麼活著？」而且，有時候，沒有經歷過磨難的人，反而比較可以用客觀的角度去思考生命的意義。

66

# 不在乎能不能看到明天太陽只在乎下一餐在哪裡

## 阿德勒 talk 66

即使「惡有惡報」，有些人還是覺得那總比餓死好，人們會在飢餓的驅使下做出最殘忍的事，而且並不在乎能不能看到明天的太陽，因為，對這些人而言，世界上只有飢餓最可怕，假如餓死了，人們根本不知道世界上曾經有這些人的存在，但被絞死，至少人們還會蜂擁而至，來看這些人的死相，也許還會有人同情他們的遭遇。

阿德勒想跟你說

## 為了生存下去，很多人會鋌而走險

很多被生活壓力壓到喘不過氣的人，通常「不在乎能不能看到明天的太陽，只在乎能不能吃到下一餐。」因此，這些身負沉重生活壓力的人，為了生存下去，為了不讓自己餓死街頭，經常會鋌而走險做出一些違反法律的犯罪行為，因為他們認為「餓死」沒人知道，但是如果因犯罪被「絞死」，至少還會有一些人知道，而這是一般犯罪的人為自己錯誤行為合理化的謬論……

阿德勒沒有告訴你的事

## 「只在乎能不能吃到下一餐」也可解讀成「活在當下」

「不在乎能不能看到明天的太陽，只在乎能不能吃到下一餐。」這句話從另外一個角度來解讀，其實是一句可以激勵人心的座右銘，因為如果把這句話解釋成「不在乎自己有沒有明天，只在乎自己有沒有下一秒鐘？」不就是告訴我們要「活在當下」這一刻，不要把時間浪費在還沒到來的明天。

67

# 「人生沒有絕對」這句話只是為了幫自已找「下台階」

## 阿德勒 talk 67

任何人看問題的角度都是從自身出發的，即所謂「智者見智，仁者見仁」，就像我們所說的，生命的意義不勝枚舉，然而，每一種意義都可能有不切實際的地方，一切能夠為人所用的意義都不可能是完全錯誤的，因為沒有人知道生命的絕對意義。

阿德勒想跟你說

## 人生沒有「絕對」或「絕錯」

沒有人知道生命的絕對意義，任何人看問題的角度都是從自己的角度出發，因為，每一種人生意義都可能有不切實際的地方，因此，有人會說「人生答案」，沒有「絕對」或「絕錯」，重點是自己站在什麼角度去解讀在人生過程中所遇到的問題。

阿德勒沒有告訴你的事

## 「見仁見智」只是幫自己的「成見」找藉口

「人生沒有絕對」這種說法只是讓每個想要堅持己見的人，找到一個很好的「下台階」，因此，每當有人挑戰他們的「看法」時，這些人在辯不過別人的情況下，就會搬出「任何事情都是見仁見智，沒有絕對，也沒有絕錯」的這套說法來為自己的「成見」開脫，問題是任何人看問題的角度雖然不一樣，但最後解決問題的目的，應該都是「殊途同歸」的。

輯8

# 關於人性的「小壞智慧」

人不說謊，明天就會「世界末日」

其實，「說謊」是人的心理自衛反應，跟父母師長嚴不嚴厲沒有直接關係，或許，父母對小孩犯錯，採取寬容的態度，會讓小孩爾後犯錯，比較會坦然認錯，但是當小孩認為一旦「認錯」會危害到自己的利益，甚至會讓自己陷入危險時，不論父母師長的態度多麼寬容，他還是會選擇說謊。

68

# 所有「利他」的目標 都是建立在「利己」的基礎之上

阿德勒 talk 68

每個人都在全力爭取優越的社會地位，甚至連犯罪的人也不例外，但是每個人的目標有所不同，與常人相比，罪犯在確立自己的目標時，更在意他們的個人利益，他們不可能和其他人合作，只追求於己有利的東西……因此，在他們的犯罪生涯中找不到一個絲毫對社會有利的目標……

阿德勒想跟你說

## 所有犯錯的人，大多以追求「利己」目標為主

每個人都會確立自己的人生目標，以獲得優越的社會地位，但是，卻也會因為「人生價值觀」而有不同的人生目標，而所有犯錯的人在設定人生目標時，大多以追求個人利益的「利己」目標為主，鮮少會設定「利他」的人生目標。

阿德勒沒有告訴你的事

## 每個人的人生目標一定包含「利己」和「利他」

其實，每個人在設定「人生目標」通常會包含「利他」和「利己」兩個人生目標，只不過有些人是「利他」人生目標大於「利己」人生目標，但有些人卻是「利己」人生目標大於「利他」人生目標，因此，如果說一個人的人生目標都是「利己」或都是「利他」，其實是一個不切實際的說法。

因為，人既是一種自私的動物，也是一種群體的動物，每個人在所設定的「人生目標」一定包含「利己」和「利他」，只不過是「利己」和「利他」那一項佔的比較多。

69

# 給別人改過的空間只會讓他一錯再錯

## 阿德勒 talk 69

不能過分責怪一個人之前所犯的錯誤，而只能在他嚐到這些錯誤的苦果時，幫助他將錯誤改正，同樣地，也不能期望一個沒學過如何與他人合作的小孩在需要合作中有良好的表現，就像不能期望一個沒有學過地理的小孩在地理考試中獲得高分。

## 阿德勒想跟你說

### 不要過分苛責別人，也不要過分期望別人

不能對一個人以前所犯的錯誤過分苛責，也不要期望一個沒有學過如何跟別人互動的小孩可以跟別人好好相處，其實，以上阿德勒這段話語意跟孔子所說的「不教而殺謂之虐」的意思差不多，都是在告訴我們必須給別人一些學習和改過的空間。

## 阿德勒沒有告訴你的事

### 縱容以前所犯錯誤，會引發負面的「蝴蝶效應」

不能過分責怪一個人以前所犯的錯誤，給別人一些改進錯誤的空間，雖然有其必要，但問題是一個人以前所犯的錯誤，往往會像「蝴蝶效應」一樣引發後續的一連串錯誤，因此，如果不在一開始給予當頭棒喝，而只是輕輕帶過，給對方「得過且過」的空間，對方不僅不會在那個「錯誤」上面痛定思痛，而且，還會一錯再錯……

70

# 人不說謊
# 明天就會「世界末日」

## 阿德勒 talk 70

因為害怕受到懲罰，只有選擇「說謊」一途，因此，我們只要聽說某個人撒了謊，就肯定知道這個「說謊者」一定有個嚴厲的「家長」，換句話說，如果他們並不覺得說出真相會有「危險」，說謊也就沒有任何意義。

阿德勒想跟你說

## 如果父母不嚴厲，孩子就沒有必要說謊

其實，小孩在做錯事情時會選擇說謊，大多因為害怕只要認錯，就會被父母或師長懲罰，因此，才會選擇用「說謊」來掩飾自己的錯誤，如果父母或師長可以寬容小孩所犯的錯誤，那麼當小孩犯錯時，也就比較會坦然承認自己所犯的錯誤。

阿德勒沒有告訴你的事

## 不論父母嚴不嚴厲，會說謊的小孩還是會說謊

「人不說謊，明天就會『世界末日』。」其實，「說謊」是人的心理自衛反應，跟父母師長嚴不嚴厲沒有直接關係，或許，父母對小孩犯錯，採取寬容的態度，會讓小孩爾後犯錯比較會坦然認錯，但是，當小孩認為一旦認錯會危害到自己的利益，或會讓自己陷入危險時，不論父母師長的態度多麼寬容，還是會選擇說謊。

71

# 有些「利他」往往比「損人」還要可惡

## 阿德勒 talk 71

只要想逃避責任，就會用「宿命論」來解讀人的行為，因此，性格特徵來自遺傳的理論就被到處宣揚，簡單說，這種理論宣稱，小孩一生下來，善惡就已經決定，但其實不然，因為「善」與「惡」是在一定的社會環境中，與其他人一同被訓練出來的結果，但是，人們對「善」與「惡」的判斷標準，卻往往是觀察一個人的行為是「有利於他人的利益」，還是「有損於他人的利益」。

## 阿德勒想跟你說

### 「利他」或是「損人」是判斷「善」與「惡」的標準

判斷一個人「善」與「惡」的標準是這個人的行為到底是「利他」或是「損人」？如果是「利他」就是「善」，但假如是「損人」就是「惡」，以上是阿德勒提出的判斷善惡的標準，因此，阿德勒才會認為「小孩一生下來，善惡就已經決定」的這種「宿命論」是有待商榷的。

## 阿德勒沒有告訴你的事

### 有些「利他」行為只是一種「偽善」

其實，阿德勒這種用「利他」和「損人」來判斷一個人的善惡標準太過於沒有「彈性」，因為，並非所有人的「利他」行為都是發自於內心的，而是在背後，大都有「利己」的目的。有些人的行為即便是「利他」也可能是以「利己」為前提，因此如果硬是要將這種以「利己」為前提的「利他」行為歸成是一種善的表現，似乎有點過於牽強，充其量只能說是一種「偽善」的表現。

72

# 製造背叛自己的機會來測試對方的忠誠度

## 阿德勒 talk 72

如果有人宣稱可以在二十四小時之內看出配偶是否忠誠，就代表他對婚姻還沒有了解的很透徹，假如夫妻雙方都一致宣稱個人「隱私」應該有所保留，那他們也不可能成為「無話不說」的親密愛人。由於，婚姻中的夫妻雙方在結婚時已訂了「合作契約」，因此，並不是無拘無束，可以隨心所欲地進行個人活動。

阿德勒想跟你說

## 所謂的「忠誠」並不是嘴巴說說就算數

如果有人號稱有能力在二十四小時之內看出對方是否對自己忠誠，就代表這個人對人性的了解還不夠透徹，因為，所謂的「忠誠」並不是嘴巴說說就算數，而是必須經歷過一些攸關利益事件的考驗，因此，即使是夫妻之間，也都必須花一段時間的考驗才能確認對方對自己的「忠誠度」，更別說是一般朋友之間，或是上司和下屬之間。

阿德勒沒有告訴你的事

## 故意製造一個讓對方出賣自己的機會

想要在二十四小時測試對方對自己是否忠誠的「小壞智慧」，就是故意製造一個讓對方背叛自己的機會，然後看對方會不會因為個人的一己利益而背叛自己，譬如故意告訴對方一個關於自己的「假秘密」，而對方只要將這個「假秘密」賣給特定人士就可以獲得豐厚的利益，再暗地觀察對方會不會出賣自己……如此一來，就可得知對方對自己是否忠誠？

73

# 所有人都認為的「真理」通常不是真理

阿德勒 talk 73

不能全面適用的真理，絕不會是全部的真理，它說明我們對此的了解還不夠，因此，如果只是片面了解真理，而不是全面了解，也不能就此證明自己的了解是正確的。

## 阿德勒想跟你說

### 不是所有人都認為的真理，並不能稱做真理

我們所認為的真理，往往都是自己所理解的真理，但是這個自認為的「真理」，在別人眼中，可能什麼都不是，因此，不是所有人都認為的真理，並不能稱做真理，它充其量只是部分人所奉行的「處世座右銘」。

相同的道理，自以為了解別人，也只是片面的了解，因為你了解的人都不了解自己，你又怎麼可能真正了解他呢？

## 阿德勒沒有告訴你的事

### 大部分人認為是對的事情，不一定是對的

雖說，不是所有人都認為的真理，不能稱做真理，但是即使是所有人都認為的「真理」，也不一定就是真理，因為，人在某種角度來說是一種盲從的動物，只要大部分人認為什麼是對的，其他小部分的人，也會認為是對的，換句話說，一件錯的事情，如果在一百人當中，有九十九個人認為是對的，那麼唯一一個認為是錯的人，也會認為這件錯的事情，有可能是對的。

74

# 表面順從你的人往往跟你的意見相左

## 阿德勒 talk 74

青春期的孩子認為「長大成人」所賦予的意義，就意味著無拘無束，因此，青春期的行為表現出孩子們想獨立、與成人平等的慾望，許多青少年開始抽菸、罵髒話或夜不歸宿，還有一些人突然反抗父母，父母看到以前很聽話的孩子突然變得叛逆，但實際上，孩子的態度並沒有改變，表面上聽話的孩子，其實一直都在內心反抗父母，只是到了青春期這個階段，他們才有了更多的自由和力量，才覺得已到了公開表達跟父母不同意見的時機。

阿德勒想跟你說

## 聽話的小孩，往往只是表面聽話

青春期的孩子並不是突然變得叛逆，因為青春期之前的孩子雖然表面聽話，但實際上卻一直在潛意識之中跟父母的意見相左，直到了青春期這個階段，有了更多的自由和力量，才認為到了可以公開表示自己意見的時機……阿德勒這段話的語意，其實也告訴我們，表面順從你的人，往往在內心跟你持著反對意見，而他們也在等待公然跟你翻臉的時機。

阿德勒沒有告訴你的事

## 唱反調的小孩只是想告訴父母，自己已經長大

青春期的小孩開始公開地跟父母唱反調，並非代表他們真的不同意父母的意見，而是他們想透過「唱反調」的動作來告訴父母，自己已經長大了，開始有自己對事情的想法，不再是以前那個沒有主見，以父母意見為意見的小孩……因此，才會透過一些「叛逆」的行為來表達希望父母可以適時地尊重他們的「異見」。

75

# 「哭鬧」是最有效和廉價的「情緒勒索」

## 阿德勒 talk 75

如果小孩習慣有母親的陪同，在日常生活之中，處處依賴著母親，那麼不管是什麼原因，我們都會發現他出現焦慮不安的現象，因為這是他控制母親，讓母親隨時陪在他身邊的有效方式，這就像有人會將「憤怒」用來當成一種控制別人的工具。

阿德勒想跟你說

## 「哭鬧」是控制關心自己的人最好的方法

通常，我們會用別人對自己的「關心」來控制別人，就像嬰兒會經常用「大哭」來讓媽媽一直陪在自己的身邊，而嬰兒時期這種用哭鬧來控制關愛自己的人的方法，往往會延續到長大成人之後，殊不見有些戀愛中的女孩為了讓男朋友廿四小時陪在自己身邊，不也經常會使用「嬰兒時期」把媽媽控制在自己身邊的哭鬧方法，因為，如此一來，男友見她情緒不穩，怕她會想不開，只好乖乖地陪在她的身邊。

阿德勒沒有告訴你的事

## 用「哭鬧」來做情緒勒索的人，大都出於無奈

其實，有些人用別人對自己的關心來控制對方，也是出於無奈……因為他們嘗試過很多方法都無法將對方留在身邊，後來他們發現只要使出「一哭二鬧」的情緒勒索方式，就可以成功地把對方栓在自己身邊，因此，才會動不動就使出這種「情緒勒索」的哭鬧方式，否則，如果可以用歡笑方式來留住對方，又有誰會想用哭鬧的方式呢？

76

# 如果無法改變 就會被「個性」牽著鼻子走

## 阿德勒 talk 76

為什麼有些罪犯會屢教不改，即使嘗盡所有苦果，被剝奪了一切，還是不能幡然醒悟？因為，一個人在四、五歲時，就形成特有的生活方式及其主要觀點，而個性一旦形成，如果想要改變，只有讓他自己意識到在個性的形成上出現了問題，否則，任誰也無法讓他改變，這就是所謂「江山易改，本性難移」。

阿德勒想跟你說

## 江山易改，本性難移

一個人在四、五歲時，個性的雛形就已經形成，而個性一旦形成，除非是他自己意識到必須有所改變，否則，旁人很難去改變他，這就是所謂「江山易改，本性難移」，因此，很多罪犯才會一再犯同樣的罪行，而且屢教不改，除非是他們的人生遭逢變故，否則，想叫他們幡然醒悟，可能會比登天還難。

阿德勒沒有告訴你的事

## 「個性」不一定比「江山」難改

雖說「江山易改，本性難移」，但是，我卻認為一個人的個性，只要「有心」改變，是會比「改朝換代」要來得簡單一點，因為，想要改變一個人的個性，雖然很困難，但也不能說完全沒有機會，重點就在於自己想不想改變，但是，大部分人卻都「不見棺材不掉淚」，非得要等到人生發生重大變故，才願意下定決心去做改變。

國家圖書館出版品預行編目資料

練習不要臉 ： 阿德勒沒有告訴你的事 / 王國華著.
-- 初版. -- 臺北市 ： 華成圖書, 2018.03
面 ；　公分. -- (閱讀系列 ； C0351)
ISBN 978-986-192-319-2(平裝)

1.格言

192.8　　　　107000559

閱讀系列　C0351

# 練習不要臉 阿德勒沒有告訴你的事

作　者／王國華

出版發行／華杏出版機構
華成圖書出版股份有限公司
www.far-reaching.com.tw
11493台北市內湖區洲子街72號5樓（愛丁堡科技中心）
户　名　華成圖書出版股份有限公司
郵政劃撥　19590886
e-mail　huacheng@email.farseeing.com.tw
電　話　02-27975050
傳　真　02-87972007
華杏網址　www.farseeing.com.tw
e-mail　adm@email.farseeing.com.tw
華成創辦人　郭麗群
發行人　蕭聿雯
總經理　蕭紹宏

主　編　王國華
責任編輯　王國華
美術設計　陳秋霞
印務主任　何麗英
法律顧問　蕭雄淋・陳淑貞

定　價／以封底定價為準
出版印刷／2018年3月初版1刷

總經銷／知己圖書股份有限公司
台中市工業區30路1號　電話　04-23595819　傳真　04-23597123

讀者線上回函
您的寶貴意見
華成好書養分